妈妈情绪平和，孩子幸福一生

如何做一个不吼不叫、温和坚定的好妈妈

鲁鹏程 ◎ 著

北京理工大学出版社
BEIJING INSTITUTE OF TECHNOLOGY PRESS

版权专有　侵权必究

图书在版编目（CIP）数据

妈妈情绪平和，孩子幸福一生：如何做一个不吼不叫、温和坚定的好妈妈 / 鲁鹏程著 . — 北京：北京理工大学出版社，2018.6（2024.1重印）
ISBN 978-7-5682-5560-8

Ⅰ . ①妈… Ⅱ . ①鲁… Ⅲ . ①家庭教育 Ⅳ . ① G78

中国版本图书馆 CIP 数据核字 (2018) 第 071993 号

出版发行 / 北京理工大学出版社有限责任公司	
社　　址 / 北京市海淀区中关村南大街5号	
邮　　编 / 100081	
电　　话 / （010）68914775（总编室）	
（010）82562903（教材售后服务热线）	
（010）68944723（其他图书服务热线）	
网　　址 / http://www.bitpress.com.cn	
经　　销 / 全国各地新华书店	
印　　刷 / 三河市华骏印务包装有限公司	
开　　本 / 710毫米 × 1000毫米　1/16	
印　　张 / 13.75	责任编辑 / 李慧智
字　　数 / 178千字	文案编辑 / 李慧智
版　　次 / 2018年6月第1版　2024年1月第15次印刷	责任校对 / 周瑞红
定　　价 / 58.00元	责任印制 / 施胜娟

序

妈妈不吼叫，孩子更出色

吼叫，已然成了很多妈妈"日用而不知""日用而不觉/绝"的一种坏习惯了。吼叫，具有某种黏性，一不留神就偷偷黏在妈妈们的"嘴边"，伺机"作案"。当妈妈的话刚一出口时，这个具有黏性的"吼叫"就会施展某种魔力，立马提升"话语"的力度与音调，试图吓孩子一跳，试图让孩子听话。"告一段落"之后，它就又"乖乖潜伏"下来，等待妈妈们下一次冲孩子"发威"的机会……

为什么这么说？因为很多妈妈都认为"吼叫"不是自己的本心，所以就只好让"吼叫"来背这个"黑锅"了。难道不是这样吗？

当然，这是一个玩笑。吼叫，怎么不是你的本心呢？你不就是打算唬住孩子的吗？不就是借此机会跟孩子发泄一下情绪，展现一下自己的"威风"吗？但你知道这个行为在孩子看来是什么样的吗？

晚饭前，3岁半的孩子执意要吃零食，妈妈自然不允许，但是孩子也很执拗。妈妈劝说无果，怒气上来，大声吼叫起来，孩子不情不愿，却也被吓唬住了。

待到平静下来，妈妈问孩子："妈妈刚才冲你吼，你是不是觉得很害怕？"

孩子点点头："妈妈刚才那么对我喊，就好像怪兽一样。"

孩子也会有自己的判断，他清楚地知道什么是让他感觉愉悦的，什么是让他觉得难过的。妈妈与怪兽，两个原本毫无关联的角色，却只因为吼叫，而被孩子直接画了等号。

不仅是小孩子不喜欢妈妈的吼叫，即便是成年人，对吼叫也是难以接受的。

一位年轻的妈妈就说："……现在已经过去十几年了，我也已经工作结婚，有了自己的孩子，但是我依然记得母亲朝我吼叫时那张愤怒的脸。"

按道理来讲，母亲原本应该是孩子最愿意亲近的人，母亲的音容笑貌也是孩子铭记内心最珍贵的礼物，可是，让一个成年人记忆深刻的却是母亲吼叫时愤怒的脸，这不能不让人感到"别有一番滋味在心头"。

网上曾经有过一个"戒吼"活动，30天线上打卡，鼓励家长通过打卡的形式戒吼。150多位家长参与，参与者多为妈妈，孩子的年龄从3岁到12岁不等。但最终结果却是没有几个家长能坚持下来，似乎吼叫已经成了现如今家庭教育中不可缺少的手段，如果少了吼叫，反而让家庭教育不那么完整了。

但是，吼叫教育，对孩子真的有效吗？答案是否定的。

妈妈的吼叫中充满了怒气、抱怨，充满了对孩子的种种不满，但却唯独没有解决问题的方法。孩子听到的全是对他的否定，对他未来的负面预言。接收了太多这样的信息，孩子要么变得毫无自信，凡事不敢自我决定，不敢努力尝试；要么就变得无所谓，反正也不过就是被吼一顿，没有任何实质的改变。

明代苏士潜在《苏氏家语》中说："孔子家儿不知骂，曾子家儿不知怒，所以然者，生而善教也。"

不吼不叫的家庭，才是能够正常开展教育的家庭。妈妈不吼叫，意味着可以更冷静地看待孩子的种种变化，意味着可以从孩子各种表现之中看到他的身心成长，在这样的前提下给出建议、意见，送上帮助，才会让孩子从教育中有收获。

前面那位被孩子形容为"像怪兽一样"的妈妈，在听到孩子这样说之后，接下来是这样回答的："哦，妈妈之所以会变成那样，是因为你不听话啊。你如果好好听话做个乖孩子，妈妈也就不对你吼叫了。"

这个回答背后的意义是什么？是妈妈在将所有责任推卸到了孩子身上。在妈妈看来，归根到底还是孩子的错，只有孩子不犯错了，妈妈自然也就不吼叫了。

错误的认知让很多妈妈一直坚持这种错误的教育方法，同时也在承受着这种方法屡试屡败的痛苦。

所以是时候改变了。

没有什么教育内容是必须要靠吼叫才能进行下去的，也可以说，所有的教育内容都不需要吼叫。作为妈妈，你也应该积累一些更合理的教育智慧了，丢掉吼叫，学习在不吼叫的时候如何应对，让孩子在正常的教育之下成长吧！

当然，我们也不能否认，已经形成的习惯并不是一两天就可以完全改变的。而且，并不是说吼叫的妈妈都不是好妈妈。没有人是完美的人，我们也不需要一跃而成为完美妈妈。我们需要做的是今天比昨天少一些吼叫，明天再比今天少一些吼叫。

这本书里所描写的诸多场景、事例，可能有你经历过的，也会有你没经历过的。你要做的不是跟着书本再做一遍，而是要根据这些已有的经历，站在第三者的角度，通过对照、回忆、思考认识到吼叫对你、对你的孩子、对你的家庭所带来的影响，并产生想要改变的决心。

就当是给你一个提醒，提醒你注意自己的生活中可能潜在这些吼叫的状况，也提醒你可能在不自知的情况下对孩子释放了怨气和怒气。

就当是给你一个建议，建议你在什么情况下完全可以不用吼叫，建议你应该如何处理各种你原本觉得无法应对的事情。

就当是寄予一份希望，希望你会对吼叫这种教育方式进行思考，希望你有意识地摒弃吼叫，采用其他更尊重孩子、更和谐的方式教育孩子。

每一位妈妈都想成为一个好妈妈，而一个好妈妈最基本的标准，显然就是能与孩子温柔相待，不吼不叫。妈妈的教育不仅影响孩子自身的未来，也将影响孩子所建立的家庭的未来。"妈妈模式"是会传承的，一代又一代，你永远想象不到你给孩子留下的印象会造成多么深远的影响，所以有时候我们也要想得长远一些。

如果你的孩子原本不出色，那么当你丢掉吼叫，选择更适合他特点的平和的教育方式，你会发现他将会比之前更出色。

所以我们说，妈妈不吼叫，孩子更出色，不是说不吼叫孩子就变得了不起了，但至少我们不吼叫，孩子会比之前做得更好，他的未来便有了更多的可能。

最后，应该反复告诉自己这样一段话：

作为妈妈，应该向孩子展示心平气和、善解人意的一面，与孩子更融洽地相处。久而久之，孩子也会保持内心的平静，并对一切心怀善意。这样的状态，才是我们所追求的，也是在这个如此繁杂的时代中，我们最为需要的。

你完全可以戒掉吼叫，心态平和地去面对孩子、面对生活，只要你努力。

加油，每一位妈妈！

鲁鹏程
2017年10月

目录

第一部分　冲孩子大吼大叫——一种新的体罚方式

○ 第一章　别让你的吼叫成为孩子童年的阴影 …………………… 3
　　　　　　大吼大叫已经取代打骂成为新的体罚 …………………… 3
　　　　　　"发疯"的妈妈和被吓坏的孩子 ……………………………… 7
　　　　　　吼叫对于孩子真的有用？ ………………………………… 11
　　　　　　吼叫有毒，别让孩子的童年只记住你的吼叫 …………… 14

○ 第二章　陷入"吼叫恶性循环圈"的妈妈：吼叫—后悔—再吼叫 …… 18
　　　　　　"都是为他好"只是吼叫的借口 ………………………… 18
　　　　　　别再以爱的名义去伤害 …………………………………… 21
　　　　　　吼叫—后悔—再吼叫：一种无法破解的死结 …………… 24
　　　　　　戒掉吼叫，一个不吼叫的妈妈胜过10个好老师 ………… 26
　　　　　　破掉死结，做不吼不叫的好妈妈 ………………………… 29

第二部分　为什么我们总是用吼叫来表达爱——冲孩子大吼大叫的深层次原因

○ 第三章　追踪——在什么情况下我会大吼大叫 ………………… 35
　　　　　　哪些情况让你情绪失控？ ………………………………… 35

　　　　你是哪种"吼叫派"的妈妈？ ·· 40
　　　　当吼叫成为一种习惯 ·· 43

○ 第四章　寻找——发现藏在愤怒之下的原因 ······················ 47
　　　　你心中的愤怒真的来自孩子？ ···································· 47
　　　　原生家庭的影响——你的父母也经常对你吼叫？ ·················· 50
　　　　你是否感到生活和工作压力过大？ ································ 54
　　　　夫妻关系紧张是否也会让你迁怒于孩子？ ·························· 57
　　　　你在试图操控孩子？ ·· 59
　　　　没有能量爱自己，也就没能量爱孩子 ······························ 62
　　　　成人的三种分身：父母、成人与孩子 ······························ 65
　　　　让你经常吼叫的其他因素 ·· 68

第三部分　做不吼不叫的好妈妈——少些吼叫多些爱

○ 第五章　接纳孩子——接纳不完美的自己 ························ 79
　　　　接纳孩子，接纳自己的不完美 ···································· 79
　　　　给孩子一点成长的时间 ·· 83
　　　　站在孩子角度，接纳孩子的情绪 ·································· 86
　　　　引导孩子成长，别替他成长 ······································ 89
　　　　少些功利心，就会少些吼叫 ······································ 92
　　　　妈妈愿反省，孩子才愿改变 ······································ 96
　　　　简单即幸福，试着去简化生活 ···································· 99
　　　　学会与先生配合，你不应该是一个人在"战斗" ···················· 102

○ 第六章　洞悉孩子的心理——读懂孩子就会少很多吼叫 ·········· 105
　　　　从孩子的问题行为看透他的心理 ·································· 105
　　　　2~3岁孩子：他喜欢说"不"，别用吼叫跟他对着干 ················ 109
　　　　3~6岁孩子：读懂他的小心思，给他心灵的陪伴 ···················· 112
　　　　6~12岁孩子：常见出格行为背后的心理 ···························· 114
　　　　跟上孩子心理成长的脚步 ·· 118

少点说给孩子听，多点做给孩子看 ……………………………… 121
　　　正面教育——不吼不叫，与孩子正向沟通 …………………… 123

○ **第七章　学会情绪管理——做自己情绪的主人** ……………………… 127
　　　教育最大的死敌，就是妈妈的坏脾气 ………………………… 127
　　　妈妈爱发脾气，孩子很难性格平和 …………………………… 130
　　　坏脾气上来，如何消解？ ……………………………………… 133
　　　温柔有力量，愤怒留遗憾 ……………………………………… 136
　　　建立情感联结，从愤怒到平静 ………………………………… 138
　　　减压——学着给心灵放个假 …………………………………… 142
　　　培养自我情绪感知能力，察觉孩子的情绪 …………………… 145
　　　教会孩子做自己情绪的CEO …………………………………… 148

○ **第八章　远离吼叫——这样跟孩子沟通最有效** ……………………… 151
　　　告别尖酸与刻薄，不要低估任何一句话的影响 ……………… 151
　　　不指责，说事实；不埋怨，说方法 …………………………… 154
　　　有智慧地赞赏孩子 ……………………………………………… 157
　　　温柔地说"不"，而非粗暴拒绝 ……………………………… 160
　　　积极关注与积极心理暗示 ……………………………………… 162
　　　巧妙运用非语言沟通方式 ……………………………………… 167

○ **第九章　给孩子立规矩——少吼少叫少生气** ………………………… 170
　　　戒吼叫，但绝不等于不管教 …………………………………… 170
　　　这样给孩子定规矩，孩子最愿意配合 ………………………… 173
　　　学会合理地用自然后果惩戒孩子 ……………………………… 175
　　　规矩严格立，但执行可以有变通 ……………………………… 178
　　　教孩子学会自我管理，孩子自觉我省心 ……………………… 180

第四部分　实操篇——这些问题不用大吼大叫也能解决

○ **第十章　不吼不叫——应用与实战** …………………………………… 185
　　　孩子总是拖拖拉拉怎么办？ …………………………………… 185

孩子注意力不集中怎么办? …………………………… 189
孩子不爱动脑思考怎么办? …………………………… 193
孩子马虎怎么办? ……………………………………… 195
孩子不爱读书学习怎么办? …………………………… 198
孩子的依赖性太强怎么办? …………………………… 200
孩子的自控力太差怎么办? …………………………… 203
孩子跟父母对着干怎么办? …………………………… 206

第一部分

冲孩子大吼大叫
——一种新的体罚方式

这似乎是一个怪现象：有相当一部分妈妈并不能很好地控制自己的情绪，当孩子的行为触碰到了她们自我设定的底线时，她们当下的反应一定是愤怒与吼叫。

所以我们能在很多地方、很多时候，听到妈妈对孩子的各种各样的大吼大叫。

但几乎所有有过吼叫经历的妈妈，都会给自己的吼叫加上一个看上去冠冕堂皇的理由，那就是"我爱孩子才会冲他吼"，否则，"谁又愿意对不爱的人多费心思"？

可是，为什么我们总是要用吼叫向孩子表达爱呢？

第一章
别让你的吼叫成为孩子童年的阴影

很多妈妈对吼叫的定义是"惩罚前的警告",她们从来没有将吼叫看成是惩罚的一部分。但实际上冲着孩子大吼大叫,已然是一种惩罚了,而且还是一种体罚。

这种看似并没有对孩子产生什么实质性"惩罚内容"的惩罚,却恰恰是最伤其内心的一种方式。

不管是妈妈吼叫时的样子,还是吼叫的内容,都会直击孩子内心,这样的伤害才是最大的。

大吼大叫已经取代打骂成为新的体罚

随着教育理念的不断提升,妈妈在管教孩子方面已经有了一些新的认识,至少从惩罚这个角度来说,单纯的体罚已经很少了,绝大多数的妈妈都能理智地意识到,打骂并不是教育的好方法。

可是,有这样的意识却并不意味着我们所有人都已经找到了好的教育方法,很多人依旧会疑惑,会迷茫,孩子出了问题,或者说表现得并不如自己所愿,总不能不管吧?打骂是不行的,那又能怎么办呢?

传统的体罚——打，已经退出妈妈的"意识江湖"。

新教育方法在哪里？

疑惑！

迷茫！

孩子有问题，不管又不行！

打骂不行？

怎么办？

退而求其次，要不吼叫试试？

于是，一种新的体罚方式似乎就"顺理成章"地出现了，这就是大吼大叫。这种突如其来的爆发式的行为，在妈妈看来是很有震慑力的。但是，若严格说这是体罚，却有人并不这么认为，他们觉得"吼叫不是惩罚，而是惩罚前的警告"。

吼叫不是惩罚，而是惩罚前的警告？

你也这么认为？

夏日中午，3岁半的女儿不好好睡午觉，妈妈自己很困也很累，天气炎热导致内心更加烦躁。

看着在床上不停"烙饼"、唱歌，甚至还时不时把毛绒玩具丢在地上的女儿，妈妈当下火气暴涨，直接吼道："你再不睡觉，我就打你屁股！别的小朋友都睡觉了，就你这么调皮，一点儿都不听话！你这样没人喜欢的！"

女儿一愣，嘴撇了撇就要委屈地哭，妈妈接着就又吼了一句："不许哭！闭眼睡觉！我不理你了！"

女儿使劲忍着眼泪，又不敢动，但也还是没睡着。

妈妈每次扭头看着依旧睁着眼睛的女儿，似乎也一直处在即将爆发的边缘。

在妈妈的逻辑里，"我现在吼你，是在为后面打屁股这个真正的惩罚做准备，我在用吼叫震慑你，你要赶紧识趣"。妈妈把"打屁股""不理你"看成是惩罚，而吼叫只是对孩子的一个很严肃的"提醒"。

不仅如此，妈妈的逻辑也全都是基于自我感觉而来的，"中午就应该好好睡觉""躺下了就必须不能动""别的小朋友表现得比你好""你表现出我希望的样子，才能被喜欢"，这些都是妈妈的自我感觉，完全没有考虑到孩子的感受。

后来的一个晚上，女儿躺在自己的小床上，情绪平稳的妈妈无意间说了一句"你怎么总是在动啊"，女儿回答妈妈说："因为我累。"

妈妈忽然意识到，孩子一直动，是因为总保持一个姿势躺着很累。

这是个多么简单的行为，就像成年人一样，一个姿势躺久了感觉累了，也就自然地换个姿势。至于说睡觉，如果你不想睡，却有人非逼着你睡，还要求你一动不动，不能发声，否则就会挨打挨骂。想想吧，这是一个多么恐怖的场景！

对于一个幼小的孩子来说，妈妈是吼叫着说出这些话的，表情是狰狞的，语气是恶劣的，孩子内心会是怎样的感受？

仔细分析一下，妈妈的这次吼叫里，包含着：

命令

恐吓

冷漠

排斥

不允许孩子乱动

强迫孩子进入睡眠

虽然妈妈没有动手，没有带着脏字骂人，但也足以成为能让孩子身心俱伤的一种体罚了。

不得不说，这种新的体罚方式纯粹是因为身为妈妈者自身的错误认识而导致的。

每次吼叫时，你都在给自己找借口，你的想法多半会是"都是孩子不听话，都是孩子的错""又不能打骂，吼他两声也是一种震慑与提醒"，但遗憾的是，很多时候只有站在第三者的位置上时，才能看到自己在对待孩子时的表现有多么糟糕，才能意识到那些吼叫带给孩子的是怎样一种伤害，也才能发现吼叫已经在不知不觉中被我们划归到体罚之中了。

吼叫已经成为很多妈妈的习惯。事情一旦脱离了自己的意愿或掌控，首先飙升的不是理智，而是气恼，吼叫几乎是一种不经大脑直接表现出的行为。

尤其是在面对年龄小一些的孩子时，吼叫更是张口就来，因为很多妈妈会在内心有这样一个错误认知：

孩子年龄越小→越不懂事→吼他越能震慑他→直接而有效！

于是很多孩子从很小时候开始就在接受这样的惩罚。

而有非常多的妈妈"认同"吼叫，正是因为觉得自己操碎了心，但孩子就是不会按照自己所设想的去行动、去发展，真是身心俱疲，"他根本就体会不到我身为妈妈的苦心"，带着这样的想法，日后的种种吼叫，便也打上了一种发泄的印记。

这些来自妈妈自身的种种情绪发泄，对于孩子来说却是一种无法躲开的负面情绪的累积。

不得不说的一点是，教育孩子是一个漫长的过程，更重要的是，教育孩子也是我们做妈妈的不能逃避与推卸的责任。但是，期待用吼叫产生的震慑来教育孩子，这是可笑而又可悲的，无意中便对孩子造成体罚，这绝对不是教育的正确方式。

重新开启清醒的认知吧！

吼叫并不是什么惩罚前的提醒，它本身就是切切实实的一种体罚方式，当孩子不断接受这些负面情绪，他也将会被这些灰暗色彩所浸染，而且这种伤害不是短暂的，而将会是长期的。如果说一开始可能只是如纸上沾灰，时间一旦长了，就如墨染改色，痕迹将会变成烙印，难以去除，转而被传承。古语早就讲，"少成若天性，习惯如自然""人性如素丝，染于苍则苍，染于黄则黄"，孩子成长的环境对他的影响是一种必然。

要引导一个生命健康成长，是需要妈妈认真思考的，怎样提升智慧，怎样改变自我，是每一位妈妈都要做的功课。

若是你的吼叫成了习惯，也许某一天，未来的你，将会看到你失控的情绪对孩子造成的伤害，你会看到一个缩小版的你，复制版的你出现在这个世界上。他和你一样对自己的情绪难以控制，同时，用你对待他的方式去对待你以及他身边的人。

为了我们和孩子共同的将来，请努力管理好自己的情绪，不将其演变成吼叫，不要让孩子对我们锁上心门，对我们心怀恐惧。

要让爱流动起来，在爱里让孩子慢慢成长，并学会去理解包容自己和他人。这是一个学习的过程，也是我们努力的方向。

"发疯"的妈妈和被吓坏的孩子

这个场景，你是不是很熟悉？

早上，孩子从睡醒睁眼开始，就一直情绪不佳，哭闹不止，拒绝爸爸的拥抱，对妈妈的询问没有回应，只有一个字，哭。

妈妈不管怎么问，孩子就是哭，一开始妈妈还好好地问，间或给擦擦眼泪和鼻涕，但孩子完全没有回答，妈妈变得烦躁起来，着急上班，又要送孩子去幼儿园，但孩子没来由地哭起来没完，妈妈的火气越发压抑不住了。

最终，孩子不停的哭闹彻底激怒了妈妈，妈妈对着孩子吼道："哭什么哭！又没把你怎么样，你哭什么啊！"一边说，妈妈手底下的动作也粗鲁了起来，拽着孩子的胳膊去洗脸，扯着纸巾给孩子擦鼻涕。

孩子依然在哭，妈妈先是大吼道："别哭了！给我闭嘴！"

尽管如此,孩子也只是停了哭声两秒钟,接着就是更为大声的哭泣。

妈妈来回进出,想不到其他方法来阻止这令自己越发暴躁的哭闹之声,终于忍无可忍地摔起了东西,先是扔掉了擦脸油,然后又丢掉了纸巾包,又吼道:"还哭!你怕不怕!我扔东西你怕不怕!"

孩子吓得肩膀一缩,抽噎着说:"妈……妈妈……别……别生气……妈妈……妈……妈妈,对……对……不起。"

妈妈眉头紧皱,手也忍不住攥紧,看着孩子哭得不停地抽,内心深深地感到了无力。

孩子哭得在一旁跺脚,实在憋不住了,才哭着说:"妈妈……抱抱。"

妈妈停了一下,才动作粗鲁地抱起了孩子,依旧一边絮叨"你哭得很烦人",一边给擦着眼泪鼻涕。

后来,孩子还是一路抽泣着去了幼儿园,妈妈也依然不解孩子到底出了什么问题。

早起的哭闹,孩子可能是需要妈妈的拥抱吧,也许是还没太睡醒,也许就是想要让妈妈温柔地爱抚一下。

总之,孩子可能需要的是妈妈温和的对待,但妈妈没有领会孩子的意图,反而不停地追问,并因为没有得到回答而变得心焦,进而又因为不知道怎样让孩子停止哭泣而变得烦躁。

妈妈:无助+不知所措→简单粗暴→试图阻止孩子哭泣→事与愿违

孩子:独立个体+喜怒哀乐+不被满足+不被理解→哭闹不已→内心恐惧

结果:不能解决实际问题(表面上这件事不了了之,但彼此的内在都有情绪,互相伤害)

吼叫恰恰体现了妈妈的无助,正因为不知所措,妈妈才妄图采用最直接、简单粗暴的方式来阻止当下情况的继续。

但是孩子终究是一个独立的个体,他有自己的喜怒哀乐,有自己的想法需求，尤其是年龄小的孩子，他的想法和需求更是非常直接，而哭闹，显然就是他没有得到满足的一个最明显的标志。

吼叫的妈妈此时完全居高临下，直白地展现了自己内心的焦躁，而完全忽略了从孩子的角度看问题。

所以这时候的吼叫，对孩子来说就是可怕的。

而这个哭泣的孩子害怕妈妈的愤怒和吼叫，不惜隐藏自己内心的需求，试图用道歉来换回妈妈的平静与爱，显然孩子被吓坏了。

把孩子送去幼儿园的妈妈，进家门之后无意间瞥了一眼门口的穿衣镜，镜子里的那个人，依旧眉头紧锁，眼神里满是责怪、疑惑、郁闷、烦躁，嘴角向下撇着，脸上的肌肉有些僵硬，面色也阴沉沉的。

妈妈忽然眨了眨眼睛，哭闹"事件"虽然已经平息了，可自己的表情居然还这样可怕。

"天哪！太丑了！"

那在刚才吼叫的时候，自己的表情又会是个什么样子的？回想给孩子洗脸时，从洗手池上方的镜子里看到的孩子哭泣的脸，眼睛一直盯着妈妈，那眼神里满是委屈、害怕以及对爱的渴望……

妈妈赶紧把目光从镜子里移开了，"刚才，我这是让孩子看到了一个怎样凶狠而又丑陋的自己啊？"

的确，吼叫的面目永远都是丑陋的。

因为吼叫的前提是愤怒，而愤怒所"扭曲"的并不只是内心的理智，最直观的表现就是外在：皱眉、表情狰狞、张大嘴、眼神也是凶狠的，吼叫中的语言更是难听的、伤人的。

在孩子眼中，吼叫的妈妈都是可怕的，他们可能会在妈妈的吼叫之后变得安静。不过妈妈千万不要就此觉得这是自己的吼叫发挥了重要作用，实际上孩子只是被吓到了，他因为震惊而变得安静，同时也被妈妈"发疯"的样子所吓到，他的安静只不过是另一种"不知所措"。

至于问题，依旧存在，不仅如此，还可能会多一个新问题，那就是孩子在未来的某一天，也将学会用吼叫来对待某些人或某些事，一个隐藏的连锁反应，就这样在妈妈的情绪发泄中深埋于孩子的内心。

生气的确是人人都有的最常见的情绪。孩子不明原因的哭闹，或者总是大事小情问题连连，也的确更容易引发妈妈的愤怒。

如果被生气左右了思维与理智，最终只能被其牵着走，尤其是在对待孩子的问题上，生气导致的吼叫，除了显示我们自己的无能以及让孩子受到惊吓外，再也没有别的作用。

但反过来，如果我们成为情绪的主宰，有意识地慢慢从情绪化中走出来，虽然不一定能立刻理智并有智慧地找到解决问题的方法，但至少不会情绪化地用吼叫来吓唬孩子。

孩子的表现是简单而直接的，哪怕你前一分钟用多么难听的话语吼叫过，哪怕你吼叫的时候表情多么狰狞可怕，但当你平静时，对着孩子就算只是简单笑一笑的时候，孩子都会扑过来，用他毫不掩饰的情感向你表达"妈妈，我好喜欢你"。

幼小的孩子都是很单纯的，他对我们接纳程度之高，完全超出我们自己的想象。

所以，我们不要尝试将自己变成"发疯的妈妈"，不要总在无意间就创设那如炸弹爆炸一般恐怖的惊吓场景，多想想孩子那害怕无助的表情吧。

冲动带有很大的杀伤力，它对孩子造成的伤害更不可估量。如果想要对孩子发挥积极的影响力，就必须要控制好自身，做情绪的主人。

学会平和，学会理智，学会合理付出，学会正确去爱，这样妈妈才可能为孩子创造出正常且正确的成长环境。

吼叫对于孩子真的有用？

那么多妈妈对吼叫有"难以割舍"的"情怀"，是因为她们一致认为，吼叫是管用的。

"我吼他一声，他立刻就乖了。"

"你好声好气地跟他说，他才不理你呢。"

"不吼他？不吼他他能长大？"

"我也不想吼，可是不吼，说别的他不听啊！"

……

我们坚信，吼叫才能起到震慑作用，他才会更注意听我们的话，而这样的结论也是我们亲身验证过的。

比如你下班回家，发现早就回家的小学生居然在看电视，他没有像你想象的那样，乖乖在自己屋子里写作业，也没有和你期待的一样，捧着一本书认真地阅读，他就歪在沙发上，吃着零食，看着你觉得无聊至极的动画片。

这个场景一定会让很多妈妈瞬间肾上腺素飙升，接着就是抑制不住地责备，甚至吼叫：

"作业做完了吗？"

"你每天除了看电视、吃零食，就没别的事情可干了吗？"

"你看看你考那点儿分，人家别的孩子都在学习，你整天就知道玩儿！"

"你有没有个正经样子！看你坐没坐相、吃没吃相，真是恨不得给你两巴掌！"

……

听到吼叫的孩子，多半会忙乱一下，先是赶紧坐好、放下零食，然后快速地关掉电视，并可能立刻起身，奔回自己的房间或者书桌旁，随便找一本与学习有关的书打开。

此时你的想法是什么？一定有人会说："看吧，我吼他一顿，他才知道自己哪儿错了，才知道怎么去改。所以吼叫还是有用的，要是你不管他，他可不就那么懒散地坐沙发上胡吃海塞，看电视消磨时间吗？"

真是如此吗？

如果孩子的心声能够被显示出来，那么上面的文字可能就会是这样的：

"我已经写完作业了，看会儿动画片又怎么了？"

"你自己不也是没事儿就看肥皂剧，也不干别的事情吗？"

"反正只要是我坐在书桌前就对了，真是烦死了！"

"唉，这会儿妈妈没看见我，拿本漫画偷藏在课本下面好了。"

……

不仅是心理活动，在经历过一开始那个"被吼叫震慑而变得积极主动"的阶段之后，其外在表现也会很快出现变化。

吼叫结束了或者声音变小之后，孩子会开始观察妈妈的动作，如果发现妈妈已经转移了注意力，那他就会放松下来，书本不再翻页，笔尖不再移动，看看这个，摸摸那个。

尤其是作业已经写完了的孩子，他此时的内心是完全放松的，因为妈妈对他的要求都是课外的，而且又是在他非自主意愿之下进行的，所以他并不会多么上心。接着他会借口喝水、吃零食、上厕所、找东西，逐渐脱离看书学习这件事。

看到这里，不知道你有没有觉察到，你之前所认为的"通过吼叫，孩子已经听话了"的结论，是不太可靠的。孩子并没有像你想象的那样真的被吼叫"指明"了方向，被吼叫"震动"了内心，他只不过是选择用逃避的方式来迎合你，试图平息你的情绪，躲避吼叫给他带来的烦躁感，或者说，他在用伪装来避免你的吼叫给他带来的"骚扰"。

你看，这变成了一种无聊的模式：

妈妈：吼叫→看到"假象"→自以为"教育"起效

孩子：被吼叫→制造"假象"→学会逃避与欺骗

结果：妈妈的教育方式继续一路错下去，孩子的抵触情绪越来越强，妈妈无力感也日益加重，终于有一天反抗到来，吼叫彻底失效，教育彻底偏离了轨道，失去了掌控。

如此来看，你还认为吼叫是有用的吗？

古语讲："言之无文，行而不远。"意思是，说话没有文采，其内容便无法得以传播。言下之意，便是指说话要有内涵、有意义。

显然，吼叫基本不在这个"有内涵、有意义"的范围之内。因为吼叫源于愤怒，愤怒意味着不够理智，在不够理智的情况下，头脑怎么可能清晰？这种情况下说出的话又怎么可能是有理、有据、有意义的呢？既然没有意义，那也自然不可能有教育的作用了。

有理不在声高。对所有妈妈来说，这都是一个真理。

身为妈妈，我们本身就已经站在一个有威严的位置了，作为一个成年人，此时就应该讲出符合成年人身份的话语，用有道理、有意义的内容让孩子得到启示、指引，这样教育才能继续进行下去。

而吼叫的话语，要么异常刻薄，令人难以接受；要么夸大了实情，毫无道理可言。不仅如此，你的吼叫，会让孩子将注意力都放在你丑陋的吼叫表情和吼叫所制造的恐怖氛围之上，而忽略了你想要传达的内容和当下他做过的那件"错事"。

而且一旦孩子习惯了这种吼叫的教育方式，他会意识到，妈妈除了大喊两声就没有别的方法了，他会觉得妈妈没有能力"制服"他，从而变得更加不服管教。

那么，吼叫就一点用处都没有了吗？其实不然。

其实你应该好好观察一下自己的吼叫所产生的影响。那些真正有危险，尤其是有可能导致人身伤害的情境下，你的吼叫才算是真正发挥了作用。

比如，阻止孩子冲进车流繁忙的交通道路，你大吼一声"站住"，会比温柔絮叨个不停要有用得多。

但是，如果你滥用"吼叫"的权利，到了关键时刻，大声的提醒可能会失去效果。

有一次，一个小姑娘走在路上，一边走一边跳，都快到了马路中间。这时迎面开过来一辆汽车，小姑娘的妈妈看到后大喊一声："看车！怎么走路的？！"小姑娘像没听见一样，还是继续蹦蹦跳跳，好在汽车及时刹住了，才没有酿成大祸。

事后小姑娘的妈妈惊恐地抓住小姑娘问她："我刚才那么大声提醒你，你怎么还往路中间跑？"小姑娘吓得不轻，哭着说："你提醒我了吗？你平时不就这么大声说话的吗？"

所以你看，如果你滥用了这个"吼叫"的权利，那么孩子对你的大声提醒会变得非常麻木，当出门在外他需要被大声提醒的时刻，他可能会因为这种麻木忽略了你的提醒，让自己处在危险的境地。

因此，我们可以看到，平日里理智平和的交流对孩子来说多么重要。经常被吼叫的孩子，妈妈的提醒对他来说非但得不到重视，反而更容易被忽略。这是因为你的吼叫变成了家常便饭，孩子不会觉得它有什么提醒的作用，反而觉得稀松平常，并不值得警惕。

被忽略的声音怎么会走进孩子的心里？我们是否已经成为被孩子忽略的那个人？我们所做的事情，是不是和我们的希望背道而驰？是时间好好反思一下了。

吼叫有毒，别让孩子的童年只记住你的吼叫

孩子哭了，所有的妈妈都想要第一时间帮助孩子止住哭声，但是如果

你妄图把吼来当成关闭哭声的开关，那你就大错特错了。

你吼道："不许哭！"

没用的，孩子的哭声不会停。因为他是一个独立的人，他的情绪是需要一个释放过程的，哪怕是成年人恐怕都做不到让自己的情绪收放自如，更何况是孩子。

你大吼："给我闭嘴，再哭就不理你了。"

依旧是没用的，孩子可能会哭得更厉害。因为他注意到的是"不理你了"，"妈妈怎么可以不理我？那太可怕了！"这种可怕的情绪会让他觉得更伤心。

你怒吼："我最讨厌哭闹的孩子！"

好吧，这时候你会发现，孩子哭得简直伤心到了极点，不仅如此，他会比之前更贴近你。因为，他不愿意被妈妈讨厌，他此时行为和心理的重点全都转移到了"我一定要黏着妈妈，否则就被讨厌了"。

你看，你的吼叫就好像是让孩子中了毒一样，之前的状况非但得不到缓解，反而越发严重了。你吼叫得越厉害，孩子"中毒"越深。

"解毒"的唯一方法，只有你的冷静。

但还是有很多妈妈都难以自控，时不时就会大吼大叫一番，吼叫的当时，妈妈认为自己迫不得已、不得不吼，还自以为孩子会记住为什么吼和吼了他什么。可实际上，孩子并不能理解吼叫的深层含义，我们想要通过吼叫传达的那种急切的心情、恨铁不成钢的难过，其实他并不能很好地体会。

孩子对大千世界的记忆，是从最直观的图像开始的，因此妈妈大吼大叫的样子，或者说妈妈长期大吼大叫的情景，将会逐渐深刻在他的内心，成为他童年最主要的记忆。

一位三年级的小学生在自己作文里写道：

看见我写作业姿势不对，妈妈吼我："把后背挺直，眼睛离书本那么近，喜欢当近视眼啊！"叫什么叫啊！整栋楼都听见了，我坐直了不就得了。

这吼叫太讨厌了!

看见我写作业慢,妈妈又吼:"怎么还没写完?手里玩什么呢?你就是不专心!"什么啊!我手里拿着的是笔盖,哪儿玩了啊!但我也不敢解释,怕她继续吼。这吼叫好烦人!

看见我写完作业没收拾书桌,妈妈还吼:"一个女孩子,桌子跟猪圈似的,天天得我给你收拾!你什么时候长大!"我哪里是没收拾,刚写完作业,还没来得及呢!可我也不敢反对,万一火上浇油了怎么办?太烦了!

即便说得有道理,同样的话每天我都要听无数次,都听烦了。但我不理解的是,为什么别人的妈妈都能好声好气地说话,就我的妈妈那么严厉?我可不想再听见她的吼叫了!

每天,无数次,吼叫,相信有不少孩子都能从这段文字中找到共鸣。孩子的态度再明显不过,她讨厌这样的吼叫。

从上面这个小姑娘的作文我们可以发现,在我们总是眼盯着"别人家孩子"的同时,其实孩子也同样期待着"别人家的妈妈",由此可见他们对于吼叫的厌恶有多么明显。

童年的时光是最美的,童年的记忆应该充满了许多家庭成员间温暖的回忆,这是日后难以复制的珍贵记忆,但其中若是加入了妈妈吼叫的画面,这无疑是孩子成长道路中难以被涂抹掉的灰暗色彩。

对"吼叫之毒"要有深刻清醒的认识与反思。

孩子具有模仿的天性,妈妈与孩子之间的相处,就宛如是在照镜子。你如何对待孩子,孩子也将如何对待你。所以,你吼叫他,他也将学会吼叫你,不仅如此,他还会用吼叫去对待其他人,去应对所有事。

你注意到了吗?吼叫的"毒"是这样一点一点发散出去的:

妈妈开始吼叫——释放"毒素"

孩子接收吼叫——不知不觉"中毒"

妈妈持续吼叫——"毒素"不断入侵

孩子学会吼叫——"中毒"已深

童年经历对于一个人的成长是有深刻影响的，因为童年正是人开始接触世界、认识世界、不断学习以至于形成自己独特个性的重要阶段。

童年，因为单纯，所以更容易接纳与学习，对很多事会有更深刻的记忆。就如白纸染墨，一滴便能显眼至极。

你爱孩子吗？那就想办法让他免于中这"吼叫之毒"吧，给他的童年多留下一些日后想起能笑得灿烂、温暖的回忆吧！

第二章
陷入"吼叫恶性循环圈"的妈妈：吼叫—后悔—再吼叫

每一位吼叫的妈妈都是心有悔意的。吼叫的时候头脑发热，可一旦冷静下来，我们都会有一种"为什么又吼了呢"的后悔之意。但是这个后悔之意并不会持续太久，下一次遇到孩子的问题，毫无办法的我们依旧选择用吼叫来应对。

不知不觉中，我们就已经陷入了一个"吼叫恶性循环圈"，若是始终意识不到理智才是解决问题的关键，这个可怕的循环圈将会恒久循环下去，而最终受到严重伤害的，只能是无辜的孩子。

"都是为他好"只是吼叫的借口

到底为什么会对着孩子吼叫，你有仔细想过吗？

有的妈妈说"孩子总能触碰底线"，有的妈妈说"不吼叫孩子不听"，还有的妈妈则说"吼叫才能体现长辈威严"，几乎所有吼叫的妈妈，都会认为自己的吼叫对孩子是有利的，也就是"我还不是为了他好"。

但是，"都是为他好"真的只是吼叫的一个借口罢了。

这也是一个最拙劣的借口，为了孩子好，可以温柔对待，可以笑脸相迎，

第二章 陷入"吼叫恶性循环圈"的妈妈：吼叫—后悔—再吼叫

可以体贴呵护，可以谆谆教导，本可以和风细雨，可为何偏偏要选择炸雷狂风？难道只有大吼大叫一番，才能让孩子对这份好深有体会吗？这是多么可笑的逻辑。

毕竟，不论多大的孩子，在妈妈吼叫时很难感受到妈妈这是为他们好。

对待3岁的孩子，有的妈妈是这样的：

儿子在饭桌上弄撒了粥，妈妈皱着眉头吼道："你吃个饭就这么费劲吗？没有一点儿安生的时候！吃饭真没规矩，不是弄撒这个就是弄撒那个！真是太讨厌了！"

儿子眼圈一红，妈妈又继续吼："你还有脸哭？我还不是为了你好！你现在养不成好习惯，将来没人喜欢你！我训你就得记住！听见没有！"儿子眼泪开始往下掉，还不得不连忙点头。

他才3岁而已，不管是怎样的好习惯，都是一点一点养成的，妈妈对孩子的成长如此紧张，甚至一点儿错都不允许犯，这会让孩子也变得紧张起来。而且，撒了粥，妈妈并没有关心孩子有没有可能被烫到，却只关注孩子吃饭没有好习惯，也很容易让孩子感受不到关心与爱。

这时候的教育，到底收到了什么样的效果呢？恐怕就算妈妈再怎么说"我还不是为了你好"，孩子也根本听不懂，他哭并不是因为有"悔改"之心，而只是因为被吓到了。

对待7岁孩子，有的妈妈则是这样的：

晚上临睡前，女儿吵闹着要求妈妈给她讲一个故事。妈妈自己还有别的事要做，觉得这种吵闹让自己心烦，便吼道："你都上小学了，还让妈妈陪着讲故事，不害臊吗？而且你今天晚上很闹，所以就算有故事也不给你讲！你说你什么时候才能不烦我自己乖乖睡觉呢？"

女儿的眼泪啪嗒嗒掉了下来，妈妈更心烦了，又吼道："哭什么哭啊！我还不是为你好！你要学着独立，小学生都自己睡觉，妈妈还有事要做呢，你怎么就这么不懂事啊！"

最终女儿哭着上了自己的小床，妈妈也并没有感觉多好，自己的事情进展得也并不顺利。

对于孩子来说，在学校里待了一天，晚上她很想与妈妈亲近一会儿，她觉得与妈妈在一起才是最重要也最快乐的事情。

但显然妈妈并不这么认为，妈妈过多地考虑了自身的繁忙，考虑了孩子这个年龄"应该"有的状态，却忽略了母子亲情所带来的温暖，还觉得自己这样将孩子从身边赶走是"为了孩子好"，孩子感受不到温暖与爱，怎么可能会认为妈妈是为了自己好！

对待12岁的孩子，也有的妈妈是这样的：

女儿自己偷偷把头发剪成了齐刘海，妈妈最不喜欢齐刘海，吼道："谁让你自己动头发了？整天不想着怎么好好学习，就想着这些乱七八糟的事情。"

女儿忍不住反驳说："我就剪个刘海而已……挺好看的呀，同学们都这样剪的……"

"你还顶嘴了？"妈妈嚷得更大声了，"要不是为了你好，我管你那么多事！不知道学习，就知道臭美，好看什么啊好看！丑死了！作业做了吗？你看看你这像个什么样子！我怎么就有你这么不害臊的孩子！"

女儿气鼓鼓的，眼泪强忍着不落下来，脸涨得通红，妈妈还在不停地吼，她心里觉得，这样的妈妈真是让人烦透了。

孩子不是妈妈手中的提线木偶，妈妈不能只凭借自己的喜好就左右孩子的想法与决定。所谓的"为了你好"，不过是妈妈因为孩子不受自己控制了而感到恐慌罢了，妈妈妄图用这样的话来换回孩子对自己的"言听计从"。

你看，你的吼叫，有多少内容是真的能让孩子感受到"啊，妈妈对我真好"的呢？

除非那些涉及人身危险等特殊情况下的吼叫，否则，孩子永远不会从

妈妈的吼叫中感受到妈妈的好，他只能体会到恐惧、难过、愤怒。

"都是为了孩子好"，这个借口掩饰的是我们自身的不知所措，比如那个对待7岁女儿的妈妈，自己很忙，孩子又闹，妈妈完全不会合理分配时间来满足两个人的需求，无措导致焦虑，焦虑引发吼叫。看似吼叫解决了当下孩子哭闹、自己没法应付的情况，可实际上，孩子在难过中睡去，内心没有获得满足，妈妈也同样在烦躁中无法继续工作。

也许，只有说"是为了孩子好"才能缓解我们内心吼叫之后的悔意吧！否则，我们应该也能意识到，吼叫除了让孩子变得情绪不好，让自己变得烦躁不安之外，实在不是明智之举。

我们自诩是"负责任的父母"，那么"为了孩子好"就成为最能说服自己的想法，所以我们便用这样一个冠冕堂皇的理由来为自己的吼叫建立起一个"坚实"的使用基础。

仔细想来，这一切不过都是我们的自我感觉良好罢了，我们哪来的权利去这样对待孩子？当我们不能付出爱，不能好好对待他的时候，又有什么资格苛求孩子呢？当孩子某天"以其人之道还治其人之身"时，我们又该怎么办呢？

有一句网络流行语，叫"细思恐极"，意思是如果仔细想想，就会觉得恐怖到了极点。对着孩子吼叫这件事，实际上也会有这样的效果。丢掉那个其实只是安慰自己的借口吧，如果真的是为了孩子好，我们就不应该选择这样的方式。

别再以爱的名义去伤害

才几岁的孩子对你说"妈妈，我好爱你哦"时，你要相信，这绝对是他发自内心的爱，你能从他的眼睛里看到那种简单而纯粹的情感，他满心满眼都是你，他需要你，他拥抱你，愿意亲吻你，更愿意随时随地贴近你，希望每时每刻你都陪伴在他身旁。从孩子的表达中，我们能感受到爱与依赖，你会觉得温暖，会觉得内心最柔软的部分都被触动了。

但反过来，作为妈妈的你，能做到这一点吗？

你有没有像孩子那样，毫无任何条件地就讲出"我爱你"？

答案应该是：没有。

因为很多妈妈在教育孩子时，都会加上一句"你只有听话，我才更喜欢你"，或者是"你只有做到了……我才更开心，更爱你"。我们的内心永远有一个条件，孩子若是没有满足那个条件，我们所谓的爱，便将以另外一种形式开启。

3岁的孩子不愿意好好刷牙，妈妈经过劝说、诱哄之后，发现孩子就是不听，忍耐力到了极限之后，便瞬间转换了脸色，皱着眉吼道："你刷不刷？不刷牙就不要你了！"

本来就不情愿的孩子被吓到了，嘴一撇，几声吭哧之后，眼泪哗哗哗地开始掉，妈妈继续吼："不许哭！给我好好刷牙！你要是还哭，就打你屁股！"

孩子的眼泪掉得更凶，妈妈刚想开口，就听孩子抽噎着说："不……不……不要妈……妈妈生气……呜呜呜……"

妈妈的声音明显没有变小，继续吼道："你好好刷牙，不再哭闹，乖乖听话，这样妈妈才不生气呢！妈妈喜欢听话的宝宝！现在给我张开嘴，把牙刷放进去！"

孩子用渴望的眼神看着妈妈，眼泪没有停歇，即便听了话，开始刷牙，也并不那么情愿，还是哭，牙也只是草草刷了两下，换来妈妈最终的总结性吼叫："你这就是糊弄事！等着你满嘴虫牙疼哭，到时候别哭着找我！"

妈妈气鼓鼓地要走，孩子哭着追着妈妈，生怕妈妈把自己一个人留在狭小的卫生间中。

能说这位妈妈不爱孩子吗？当然不能了！督促孩子养成刷牙的好习

惯，这是一件好事，也是一件正确的事情。但是妈妈选择的处理方式，却明明白白地揭示了她行为的性质，这就是一次以爱为名义的伤害。

妈妈的吼叫中，充满了厌恶感，不管是"不要你"还是"打屁股"，都是孩子所恐惧的事情。"听话""不哭闹""好好刷牙"，只有满足了这些条件，才能得到妈妈的爱，这也是孩子从这件事中所得到的唯一收获。

可实际上，这个时期的孩子正处在用反对来表现独立的时期，一边是他成长的特性使然，一边是对妈妈爱的渴求，但是妈妈的爱又有那么多限定条件，孩子无法自然而然地享受与满足，他又该有多么难过。

"因为爱你所以我才会吼你"，这样一个如此别扭的逻辑，却被我们运用得娴熟无比。

如此渴望爱的孩子，又该如何从那么难听的吼叫与丑陋、狰狞的表情中感受到爱呢？他被恐吓、被威胁，还要为了获取爱而做自己不想做的事情，这对心灵的伤害是很深的。

而且，给吼叫打上一个"爱"的标签，也不过是我们自欺欺人的做法罢了，骗一骗自己，让自己不会觉得吼叫有什么不对。不信你看看孩子，每一次你吼叫之后，孩子眼神中的恐惧，以及恐惧之下所压抑的渴望，难道不是最直接的证明吗？孩子哪里感受到爱了？

其实对这么大的孩子来说，我们可以用游戏比赛的方式带着他一起刷牙，或者是买一些关于牙齿的绘本，读给他听，让他知道刷牙这件事很重要，从小就要保护好牙齿。以孩子可以接受的方式进行教育，远比强硬的吼叫有效得多。

每一个弱小的生物都会对爱有渴望，但他绝对不会渴望那会给他带来伤害的"爱"。

孩子为什么即便哭着也要说"妈妈不要生气"？他此时的哭，其实是在因为自己的无能为力而懊恼，他没办法在短时间内找回那个对他笑的、温柔待他的妈妈。

你要意识到，有时候，你的爱，孩子不敢要，就像是玻璃渣里的糖，他怎么吃？吃了嘴里疼，他哪里还能注意到甜？

爱不是吼叫的借口，爱的名义之下隐藏着的伤害，远比直接的伤害来得更让人伤心、难过。

而且不得不说的是，这样的爱让妈妈自己也很累，爱是温暖的，吼叫是丑陋的，如何将这样两个完全相反的事物融合在一起呢？

如果真的爱孩子，就先从丢掉吼叫开始吧，最起码的爱，就是要和颜悦色，让孩子感受到妈妈的温暖，让他意识到妈妈是容易亲近的。这样孩子才能体会到真正温暖的爱。

吼叫—后悔—再吼叫：一种无法破解的死结

孩子不听话，你还在大吼大叫？有用吗？还是陷入了"不听话—吼叫—后悔—不听话—再吼叫"的死循环？

"有一次儿子和女儿在一起玩，玩得有点疯了，他们把玩具到处乱丢，还打破了我墙上的画框。我非常生气，狠狠地吼了作为哥哥的儿子，跟他说他的这种行为令我非常厌恶，还说他是一个顽劣的孩子。

"结果，比他小两岁的女儿吓哭了，儿子则有些愤愤地看着我，那眼神有些狠，也很委屈。我忽然意识到，我的情绪失控了。等到冷静下来，我抱着女儿哄她，又摸了摸儿子的头安抚他，我后悔了，后悔不该这么暴躁。

"可是，仅仅过了一天，看到儿子调皮地把饭碗扣在女儿头上时，我再次吼他，说他是我见过的最让人讨厌的孩子。

"这一次，不仅女儿哭了，儿子也哭了。我也不想总这样的，可孩子们调皮得让我头疼，我觉得我总是在吼叫，然后后悔，之后再吼叫、再后悔，这真是个难以破解的死结！"

这是一位有两个孩子的妈妈的心声，实际上，这应该也是很多有吼叫

第二章 陷入"吼叫恶性循环圈"的妈妈：吼叫—后悔—再吼叫

习惯的妈妈的心声。我们对待孩子，总是在经历"吼叫—后悔—再吼叫"这样一个过程，我们找不到那个能打破循环的节点，只能无限循环。

这样的情况之下，这些问题就不得不引起我们深思了：

这样的你，真的准备好了去做一个新生命成长的监护人吗？

这样的你，是否还处在不成熟、不理智的状态？

这样的你，真的了解自己和你的孩子吗？

这样的你，需不需要为了家庭、自己和孩子做一些改变呢？

有的妈妈认为，我为孩子操碎了心，忍无可忍才会吼，谁愿意吼呢？没错，吼叫也是一个体力活儿，有时候甚至要用尽全身力气去做这件事，喉咙、表情、肌肉、内心，一次吼叫之后，往往会精疲力竭，仿佛用尽了所有力气。但我们却总是要"知难而上"，吼叫不仅是对孩子身心的伤害，对我们自己又何尝不是一种虐待呢？

几乎所有的吼叫都是"冲冠一怒"，你吼叫的原因其实就是你只注意到了眼前，眼前孩子折腾出来的状况让你觉得愤怒，你的吼叫就是为了发泄这些愤怒。

当我们冷静下来之后，再去看孩子犯的错误、出的问题，就会发现有些事真的只是自己在小题大做。有时候回过头来再看，我们也会好奇自己当时为什么发这么大的火。

我们固守着自认为正确的原则，将自己的感受放在优先位置，习惯了自以为是，也许还有一些从自己的父母长辈那里沿袭下来的"吼叫传统"，所以我们才会一遇到事情就大吼大叫。但也正因为我们并不是毫无原则之人，所以冷静之后才会心生悔意。

既然如此，"吼叫—后悔—再吼叫"这个死结，就不是没有破解之机的，两次吼叫之中的"后悔"，就是一个又一个破解的机会。

心有悔意，就会对自己之前的行为有所反思，就会慢慢找到问题到底出在哪里。分析孩子和自己的状态，多学习，多总结，寻找更平和更有效的教育方法,那么下一次再遇到类似的情况,就能有意识地摒弃吼叫,尝试新的方法了。

简单来讲就是这样一个关系图:

吼叫→悔意→反思→寻找症结→记住教训→学习、总结→下次回避

这是破解这个无限循环死结的理想途径。

一旦试过简单有效且不需要吼叫就能解决问题的方法,就能体会到这其中的轻松与智慧,再加上对自己情绪的管理训练,就能慢慢与吼叫说"再见"。

不过,有的妈妈又会说了,"后悔、反思我知道啊,可是下一次我还是会立刻吼出来,然后又会后悔。"所以这就考验的是我们自身对情绪的掌控能力了。要破掉死结,不是一两次就解决的,学习掌控情绪,也是要有过程的。

这又从另一个层面提醒我们,不要觉得为人父母是简单的事,这里面蕴含着深奥的教育智慧,我们也要像孩子一样不断学习成长,不断磨炼自我,才可能摸索出适合孩子的教育方法,从而最终避免只用吼叫来解决一切问题的情况出现。

戒掉吼叫,一个不吼叫的妈妈胜过 10 个好老师

对于孩子来说,妈妈是他的第一任老师,是他接触世界、认识世界、在世界学习的重要领路人。所以这个第一任老师的好坏,将会对孩子未来的成长产生重要的影响。

温柔的妈妈,会让孩子感受到善意,孩子的内心也将充满爱。

严谨的妈妈,会让孩子感受到责任,孩子也将学会认真细致。

讲道理的妈妈,会让孩子意识到理智的重要性,他也将培养自己具备冷静的头脑。

第二章 陷入"吼叫恶性循环圈"的妈妈：吼叫—后悔—再吼叫

但是，吼叫的妈妈，只能让孩子感受到烦躁与恐惧，他也将因此变得暴躁，尤其是遇到不顺利的事情，他的不冷静几乎就是妈妈的翻版。

而面对孩子的不冷静，我们却从来没从自己身上找原因，反而总是觉得"这个孩子怎么这么不好管教"。于是我们只得继续重复之前的吼叫，妄图用高声、狂怒的姿态来压制孩子，寄希望于用这种自认为很有威严的状态来让孩子意识到"我是你妈妈，我比你有气势，你必须服从于我"。

可显然，孩子的反应总会出乎我们的意料，最开始他可能会因被吓到而变得安静下来，可随着被吼叫的次数越来越多，他开始习惯，并意识到妈妈除了吼叫没有更好的方法来对付他，他就会变得肆无忌惮。

这时候，无计可施的妈妈可能就会求助于其他人，比如，寻找能够解决孩子情绪问题的老师，希望孩子经老师"调教"后脾气能够变好。

妈妈是孩子最亲近的人，妈妈带给孩子的影响是老师所无法企及的。一个不吼不叫的好妈妈，胜过10个好老师。只有你不吼不叫了，孩子才会变得情绪平稳，这么简单的道理，我们应该时时提醒自己，并牢牢记在心里。

4岁的女儿不想上幼儿园，并哭着拒绝妈妈的劝说。

之前遇到同样情况时，妈妈会吼她，说"不去幼儿园的孩子不是好孩子"，或者"你不去我就不喜欢你"之类的话，每次女儿的回应都是哭闹一番，甚至能一路哭到幼儿园。

但这一次，妈妈没有吼她，换了一种方式，妈妈蹲下来，一边给女儿穿衣服一边温柔地说："你知道吗？老师们比你更早去了幼儿园，你最喜欢的小刘妈妈早早就在幼儿园里等你了。你难道不希望看到小刘妈妈吗？"

女儿的注意力被转移了，点着头说："刘妈妈等着我呢。"

"对呀！"妈妈趁势说，"小刘妈妈那么勤奋地早去，你是不是也要像老师学习啊？"

女儿开始频繁点头，穿衣服的动作也快了，情绪平复下来，自己主动背上小书包跑到门口，挂着眼泪笑道："妈妈，妈妈，我们快走吧。"

看，吼叫的妈妈换来的是哭闹的孩子，平静的妈妈能让孩子更快速地平静下来。你不吼叫，孩子也就不会被你的负面情绪"引导"。

等着别人来帮忙，永远都是被动的，只有自己主动改变，才能更快更熟练地将主动权掌握在自己的手中。

要实现这一点，你只需要戒掉吼叫。

戒掉吼叫，你能更好地与孩子交流，并更快地发现孩子的问题到底出在哪里。

因为你不吼叫，孩子也不会失控，而不吼叫的你是冷静的，你可以更全面地观察，更直接地询问，这都有助于帮你快而准地找到问题的源头。

戒掉吼叫，你能更冷静地分析当前的情况，从而想到解决问题的方法。

因为不吼叫，你的头脑是清晰的，你就会意识到孩子需要什么、你想要孩子做到什么，你也能想起那些曾经学到过的道理和方法，也能更顺畅地实行你之前所学到的有效教育方法，并更好地体会这些方法所带来的真正的效果。只有这时候，这些方法才会成为你教育道路上真正的助力。

戒掉吼叫，你会发现孩子开心，而你的心情也将变好。

你不吼叫的时候，孩子也就不会因为你的糟糕表现而受到惊吓，不会产生愤怒的感受。而你冷静的处理会让孩子更愿意接受你的教导，于是他的问题也解决了。既然孩子没有了问题，你的烦恼还能留得住吗？

教育孩子是个"技术活"，需要用脑、用智慧；教育孩子不是"体力活"，吼两嗓子根本不能解决问题。

妈妈的情绪将会影响整个家庭的氛围，并牵动所有家庭成员的情绪，尤其是孩子的情绪。妈妈是平静的、温和的、理智的，孩子的情绪就会比较稳定，有了稳定的情绪和平和的心态，孩子才会接受老师的教导，不管他学什么才能见成效。

妈妈拥有良好情绪→最初的源头

孩子才能拥有良好情绪→引发的影响

第二章 陷入"吼叫恶性循环圈"的妈妈：吼叫—后悔—再吼叫

孩子进而安心投入学习→影响所致的动力

有所成就→满足自我与他人→妈妈的情绪更加平和→良性循环

这个关系环环相扣，但归根到底，还是需要妈妈先起一个好头，好情绪的妈妈最容易获得孩子的亲近与信赖，不管是跟着妈妈学习还是听从妈妈的指导跟着老师学习，孩子都会学得安心。

所以戒掉吼叫，是所有妈妈应该优先解决的自我问题。

你也来做一个不吼叫的好妈妈，成为离孩子最近的一位好老师吧！

破掉死结，做不吼不叫的好妈妈

做父母这件事，永远不会有完美情况的出现，你只能努力接近这个程度。同样的，孩子也不大可能太完美，他也只能是无限接近完美。既然如此，何必要给自己和孩子施加如此多的压力呢？

每一次吼叫，都会让自己变得紧张起来，负面情绪就如雾霾，看似悄无声息，实则暗藏"杀机"，它让你看不清周遭的一切，只让你陷入一种灰暗之中，那糟糕的氛围让你整个人都变得灰蒙蒙的。

你的每一次吼叫，也是在给孩子施加压力，他可能只知道自己出了问题，但他不知道应该怎么做才能消除你的怒气，他因为你的态度而变得恐慌，但同时他也意识到"原来遇到事情还可以这样吼"，他想要向你靠拢，不仅是情感上的靠拢，也是行为习惯上的靠拢。

跳出亲子关系范围，站在旁观者的角度，请冷静地思考一下，这样的压力若是不能及时消除，你和你的孩子将会陷入多么紧张而难过的生活之中。

一想到这一点，你是不是感到有些恐慌了？有一些情绪化的妈妈，可能会因此变得自责，因为自己的吼叫而变得内疚、羞愧，甚至否定自己所做的一切。

实际上，一旦陷入这样的心态怪圈之中，你可能反而更容易吼叫，不仅是吼叫孩子，周围的所有人都可能变成你吼叫的对象。

一位全职妈妈最近感到了自己内心的无力，从孩子上幼儿园开始，她发现自己吼叫的次数及强度都呈上升的态势。孩子不听话会吼，孩子犯了错她也会吼，孩子没做到她一样会吼。不仅如此，自己不高兴了吼，自己累了吼，自己难过时更会吼。

她说："上幼儿园的孩子离开了我，我觉得不能掌控他了。而且原来他在家的时候，我觉得有做不完的事，他的存在对我来说称得上是一个'阻碍'。可他去了幼儿园，家里的事情依然那么多，我很多时候不想做，事情压得太多了，我才可能会动一动。原本想做一做自己的事情，但怎么都提不起精神。

"这样的状态让我越来越烦躁，孩子从幼儿园回来了，当我发现他出现以前所没有过的行为时，又觉得那种无法掌控的感觉更加强烈了。

"吼叫能让我发泄，但实际上吼叫之后，我并没有放松的感觉，反而那种难过的、憋闷的感受，依旧在内心久久不散。"

这位妈妈怎么了？

实际上，她的吼叫来源于包括孩子在内的外界的改变与她内在不变的情况的冲突。

孩子在成长，周遭环境和他的内心都在变化，妈妈因此也要产生改变才行，总想像对待不能自主决定和行动的孩子那样去"把控"孩子，妈妈当然会有心理落差，并因此而变得烦躁。吼叫在所难免，吼叫后的后悔也意味着妈妈对自身的不满。

与其这样，倒不如想办法改变自己，就像前面提到的，破解这个"吼叫—后悔—再吼叫"的死结，就从"后悔"这个机会入手。此时不要太过自责，而是勇敢面对自己的问题，将后悔变成改变的动力，寻找可以改变的方法。

人人都具备这种"认识自我，改变自我"的力量，对自己的想法进行观察分析，觉察自己的情绪，找到情绪变化的根源，让自己逐渐恢复冷静，从而减少吼叫。

这种改变可能很快就会发生，但要彻底改变需要一个缓慢渐进的过程，在这个过程中我们需要好好探查一下吼叫的深层原因，想想在什么情况下自己会大吼大叫，为什么自己这么容易吼叫。

而杜绝吼叫还有一个关键因素，那就是要对孩子充满爱，对自己也要有爱。接纳孩子的一切，也接纳自己的一切。

这种接纳会让你能以更平常的心态来看待孩子的成长，不再以他的种种变化，尤其是不太好的变化而出现很负面的情绪改变，反而能顺其自然地去寻找解决方法。

更重要的是对自我的接纳，只有接纳自我，才不会将对自我的不满迁移到孩子身上，接纳了自己的一切，会帮助我们更有效地改变自我，变成更好的自己，也变成更好的妈妈。

爱是深层的原因，有了爱，有了正确的爱，自然会变得心态平和，然后我们就会发现，孩子的心理是不容忽视的，每个年龄段的孩子都有自己的内心想法；与孩子沟通是非常必要也很重要的，哪怕是很小的孩子，他的想法也值得被尊重；给孩子提前立好规矩，远好过麻烦爆发后你情绪的爆发。

不要总试图寻找那些所谓的"不吼叫就没办法"的事情，不管是孩子拖拉还是注意力不集中，不管是他不专注学习还是不爱动脑思考，又或者是马虎、有依赖性，哪怕是不能自控、总跟父母对着干，这都不是什么不能解决的问题。

破掉"不吼叫就不能够解决问题"的死结，从内心深层开始努力，我们都能摆脱"吼叫妈妈"的标签，成为孩子内心最想亲近的温柔妈妈。

第二部分

为什么我们总是用吼叫来表达爱
——冲孩子大吼大叫的深层次原因

> 作为妈妈,你总能为自己的种种行为找到各种理由。所以,对孩子吼叫,你给自己找了一个非常能说服自己的理由——"因为妈妈爱你"。
>
> 这份爱,真是好沉重啊!因为必须要用这样强烈的情绪来表达,要用这样大的力气来体现,还要用这样负面的语言来表现。
>
> 但是吼叫真的是爱孩子的行为中必不可少的吗?你怎么会有那么多想要吼叫的瞬间?你为什么时刻都处在愤怒的状态呢?
>
> 这些问题,我们需要好好想一想,来认真找一找冲孩子大吼大叫的深层原因吧!

第三章
追踪——在什么情况下我会大吼大叫

真的要说起来,很多妈妈对自己的吼叫可能并没有特别注意,只是吼叫之后,才仿佛大梦初醒一般意识到自己居然又吼叫了。我们需要好好思考一下,想想自己到底都是在怎样的情况下才大吼大叫的。

哪些情况让你情绪失控?

情绪是会随时发生变化的,这也就意味着一天24小时,我们的情绪基本不会一直停留在一个水平,普通人一天之中都会有许多情绪的变化,但即使是在变化,也基本是在我们可以掌控的范围之内的。

失控,就是失去控制能力。从这个定义来看,在"失去"控制之前,你总是可以控制的,直到某个"节点"触发你所掌控的极限点,一旦极限点被打破,你也就无法将情绪把控在自己的理智范围之内了,此时你的外在表现——言行,就会出现一种失控的"疯狂"状态。

每个人都有属于自己的情绪失控点,有的可能与其他人的相同,有的则独属于我们自己。

一位妈妈说:"下午4点左右是我最易崩溃的时间,因为这时孩子刚好放学。在学校待了一天，回到家后，孩子会想和我腻歪一下，会说个不停，会继续玩喜欢的游戏或开始新的游戏。但我不仅要准备晚饭，还要应付他，其实一天下来我也想要安静一下的，但孩子总是来捣乱。有时候我吼他，让他安静地自己玩一会儿。可这并不管用，也就安生几分钟。"

另一位妈妈则说："最让我烦躁的是，孩子对我的劳动不尊重。我刚收拾好房间，一会儿他就能给我弄乱；我刚整理完沙发，他马上就能用一堆玩具和书让沙发乱成一团；我擦完地，一回头就能发现孩子在地板上踩出一排小脏脚印。天啊！我对整洁有高要求，感觉我每天都有干不完的活儿，家里哪儿不干净整洁，我都会抓狂。如果是孩子给我造成的，我当然是想也不想就吼他，只希望他能住手，不要再糟蹋我的劳动成果！"

一天天下来，我们总会遇到各种各样的人和事，也会和孩子发生不同的思想"碰撞"。这些"遇见"与"碰撞"如果没有一个良好的"结局"，情绪就会积累，时间久了，我们可能就会和前面两位妈妈一样，养成固定的情绪失控的"习惯"，到了某个节点情绪就会控制不住爆发。

那么，我们现在要做的，就是寻找那些让我们情绪失控的"节点"。这个寻找过程，你可以借助三步来完成。

第一步，你一定要有勇气突破自己。

观察自己情绪爆发的节点，这其实是需要勇气的。几乎所有人都会不自觉地回避自我表现不好的地方。

坏情绪导致的吼叫，体现了我们对家庭、对生活、对孩子无力的一面。我们许多人都打心底里觉得一个吼叫的妈妈是无能的，但是又无力去改变，这种无力会带给我们羞耻感，让我们不能正确面对爱吼叫的现状。但是，我们一旦要下决心正视自己，就不能给自己找任何借口，不能逃避，不能遮掩，解决问题要有直接"命中"的决心，说实话，这的确需要勇气。

但这个突破是值得的，就如治病，稳、准、狠地找到病灶，然后再对症下药，才可能更快地实现"药到病除"。

第二步，好好认识自己的失控节点。

情绪失控的原因有大有小，有来自人体自身的原因，也有外部情况所致。

来自人体自身的原因，是与个人身心状态有紧密关系的。所以，你在以下情况下，是不是会更容易情绪失控呢？

疲劳

恐惧

焦躁

厌恶

孤独

悲伤

困惑

压抑

尴尬

饥饿

生理期

另外，还有外界因素对人体情绪的干扰。那么，在以下的情况，你又是怎样的表现呢？

被误解

被催促

被抱怨

被指责

毫无安全感

内心无力感

马上要迟到

事情变糟糕

无法掌控一切

当然，对于妈妈来说，孩子的情况才是最容易干扰妈妈情绪的最大因素。那么，出现在孩子身上的以下这些情况你一定再熟悉不过了：

任性不听话

吵吵闹闹

说谎

做规定以外的事情

尝试被禁止的事情

乱发脾气

对妈妈太过黏缠

不好好吃饭

不按时起床

不自己穿衣服

乱丢东西

不明原因的哭闹

怎么询问都不开口

另外，与我们相近的周围人的某些表现也会"引导"我们将火气撒到孩子身上。

另一半没有按时回家

职场同事钩心斗角

受到了上司的指责

家中其他亲人对自己的做法尤其是教育指手画脚

与邻居进行了不愉快的交流

和朋友闹了矛盾

以上罗列了这么多可能导致我们失控的节点，如果我们仔细对照就会感到恐慌，因为一定有不少人发现，导致我们失控的原因很多时候并不单一。比如，单单是孩子不听话，也许根本不能让我们"大动干戈"。

事实上，很多时候是这种情形：我们劳累了一天，身体非常疲惫，在单位受到了领导或同事的质疑，同时和朋友间也有了些小问题，偏偏这时候孩子爸爸还在应酬，很晚了还没有回来，家里孩子想让我们陪，但是手头还有一堆家务要做，我们实在没有精力去应对。就在这时，孩子不小心打翻了你刚放在桌子上的一杯牛奶，看着狼藉的地面，万千种情绪在一瞬间化作一股火气冲了出来。你冲着孩子大吼了一声："你在干吗？怎么这么笨！"……看着孩子委屈的泛着泪光的眼睛，我想，你的内心一定也不比他好受，甚至更加难过。

说到这里，我们就会发现，吼叫的背后，竟然积累了这么多的情绪，有这么多的无能为力。但是，只要发现了就是好的，我们可以养成记录的习惯，这对于我们自我成长和教育孩子来说，都是一个好的习惯。

不管是个人内在原因，还是外在环境导致，都可以记录下来，或者在上面提到的情况后面打钩，以便对自己的情绪进行确认。找准这些失控节点，并正视起来，最好是做一个综合的总结，看看自己究竟在哪种情况下更容易失控。

要想改变，就要更大程度上地复原生活的全貌，找到吼叫背后隐藏的很多被我们忽略的因素，精力充足的时候再一个个"击破"，这对我们控制情绪能起到很大的帮助作用。

第三步，意识到你的情绪是会升级的。

吼叫有时候不会突然发生，就如前面所说，一定触发情绪掌控极限才会发生。可能一开始你的情绪只是有一点儿焦虑，认为孩子的表现不那么让你满意，但还没有到不可忍受的时候。可是当你开始"引申思考"——他要是一直都这么不能让人满意应该怎么办？我都跟他说过多少次了，这教育真是一点用都没有，他根本都不听话，他越长越大，越来越脱离我的掌控，这真是太可怕了！然后，可能你最初只是简单的几句提醒，但随着你想法的变化，最终你就开始对孩子吼叫了。

还有一种情况，比如孩子的爸爸随便丢自己穿过的袜子并不主动去洗，你一开始是抱怨，然后开始想到"我为什么总要替他做事"，再然后你可能会感到悲伤与愤怒。如果此时旁边有孩子，孩子忽然的一个举动或许就会成为最终压垮你的"稻草"，你的脾气立刻爆发，不仅对着孩子的爸爸吼叫，孩子也被殃及了。

这种升级也是需要我们好好反思的。很多时候，我们担心的事情并不会发生，大多数时候我们是在为还没发生的事情"买单"。如果我们要改变现状，就要想办法积极努力去和家人沟通、磨合，单单是焦虑，进而引起恐慌，然后吼叫，那就有点"杯弓蛇影"的感觉了。

你是哪种"吼叫派"的妈妈？

来看这样一个测试：你会向孩子吼叫吗？也思考一下，如果是我们面对孩子的类似情形，又会做出怎样的反应来呢？

测试一：

周末早晨，一家人计划好出去玩，可孩子就是磨磨蹭蹭，不老老实实吃饭，还故意把饭粒弄得到处都是，穿衣服时身体扭来扭去，妈妈忙得出了一身汗，怒气一直在心里蓄积。接下来会怎样做？

A：心里早就火了，可表面还是不动声色，只是语气生硬了许多，甚至不再搭理孩子了。听着孩子一个劲儿叫妈妈，就是不答应，心想你不是磨叽吗，就不搭理你了，看你认不认错！

B：出门前，催促声一直在孩子耳边响起："快快快！你看吃个饭都弄得到处都是，快别自己吃了，我喂你吧！""穿衣服怎么那么费劲，反了，脱下来，教你多少次了就是记不住！"

C：早晨一起床，妈妈火气就很大，孩子刚一表现出磨蹭的苗头，火腾一下就上来了，大吼起来："你看你！刚换的新衣服，又成这样！到底还想不想出门了！烦死人了！"

测试二：

在公共场合，孩子的行为让你特别"冒火"时，你怎样做呢？

A：火气一下子冒上来，但碍于面子没发作，强忍住怒火，满足孩子的要求，等到没人的地方，好好收拾他。

B：孩子哇哇哭着躺在地上不起来，妈妈不吃这一套，一边吼着一边拉起他，巴掌啪啪落在小屁股上。

C：先好言相劝，如果实在不奏效，直接走人，孩子见妈妈走了，赶紧起来追妈妈，妈妈还是不理他，自顾自往前走，看谁拗得过谁！

你是哪种"吼叫派"的妈妈呢？

测试一：吼叫型妈妈也分"派"，对照选项看一看，你属于哪种类型的"吼叫派妈妈"。

选A：冷漠生硬型。

这种妈妈虽然看起来斯文少言，当面对孩子"无理取闹"时并不会及时发作，但她们会立即转变态度，用沉默来对待孩子的哭闹。

这种方式看起来属于"低分贝"，但却有高杀伤力，因为不明所以的孩子面对一个沉默生气的妈妈会更加无所适从，他会受到这种对立情绪的感染，变得更加"不可理喻"。因此"冷战"虽不会让耳朵受太多罪，但孩子的心灵依旧会受到很大的伤害，会严重破坏亲子关系！

选B：急功近利型。

这种妈妈性格急躁，追求结果忽略过程。其实于孩子来说，各方面的协调能力及动作自然没有成人那样发育完善，所以慢是有道理的，是正常的。如果在他做事时，旁边总有人催促或者有人代劳，那他的动手能力将永远得不到发展。

这种妈妈的吼叫分贝指数虽然属中等，但由于其声音持续不断地出现在孩子耳朵里，对孩子的影响还是很大的。

选C：生气易怒型。

这种妈妈性情不稳定，生活中一件很小的事都可以引起她们的怒火。尤其是当她心情不好、身体情况欠佳时，如果孩子再来"捣乱"，就更加控制不住自己的脾气。有时周围的人对她情绪的爆发都会感觉到莫名其妙。

特别是孩子，面对一个情绪化很严重的妈妈，时常不知道什么时候就点燃了妈妈的"火药包"，情绪总是处于紧张状态，在最信任的人那里得不到安全感，令他十分疑惑和焦虑。通常情绪化的妈妈也会有一个情绪化的孩子，一家人的情绪会相互传染，形成恶性循环。

这种妈妈吼叫的分贝指数最大，当然对孩子的伤害也非常大。

测试二：在公共场合一些父母会比较紧张，生怕孩子又做出令自己感到难堪的事。往往越是担心，孩子越是会出难题，到底是为什么呢？

选A：这类妈妈比较"爱面子"，所以孩子做了同样的事，如果在家就会被大吼一通，或被打屁股；但在外面，妈妈就会碍于面子"委曲求全"，先满足孩子的要求，哪怕这个要求是无理的，总之不能在外面丢人现眼。但这也最容易让孩子钻空子，他会发现当众提出无理要求比较容易被满足，不行就撒泼打滚，哪怕回家后吃顿苦头也值得。这样一来就会恶性循环，你会发现你越来越会受到他的"控制"，可这也是妈妈自己造成的结果，不是吗？

选B：这类妈妈遇到孩子"无理取闹"才不会束手无策，不管三七二十一吼叫、巴掌一起上，看看谁治得了谁！这种蛮横态度倒可以暂时对付得了孩子，可等到孩子长大了呢？总有一天你会发现，粗暴永远不是解决问题的最佳方式，可到那时再想和孩子好好沟通恐怕为时已晚。

选C：很多妈妈在公众场合都这样做。把孩子往地上一扔，自己哭去吧，我走了。有的孩子见妈妈走就紧张地大哭着追，有的就是不起来，妈妈走就走吧，就拧上了！妈妈本意是想让孩子赶紧结束无理行为追自己，好赶紧一起离开"是非之地"，可这招究竟管不管用，还得看孩子"心情"！总之，这也属于"冷暴力"的一种，不可取。

实际上，陪伴孩子的过程，是我们再次成长的过程。

孩子就像一个天使来到我们身边，他让我们重新认识自己，并修正过去这么多年来走过的错路。所以我们要珍惜这个机会，在与孩子相处中，努力修正错误言行。当我们学会从孩子的角度来看问题后，我们就会慢慢发现，吼叫越来越少了。不仅如此，对身边的人我们也仿佛变得越来越宽容，恭喜你，你在孩子的帮助下，心越来越柔软，人生也越来越圆满。

能控制情绪的妈妈才能培育出性格健康、人格健全的孩子。掌控情绪，才能掌控未来！所以我们应该感谢孩子，是他让我们拥有反思的机会。无论我们曾经是否吼叫过孩子，都要努力改变，为自己加油！我们都走在一条成长的道路上，孩子也会越来越出色。

当吼叫成为一种习惯

生活中的某种行为模式，会随着时间的延长而变成习惯，有的是好习惯，有的则是坏习惯。一旦成为习惯，就会变成不假思索的行为，会在不经意间显露出来。

对于一部分妈妈来说，自身的情绪、压力以及外部的种种环境影响，会让她们习惯于吼叫。她们不思考是不是需要这样做，也不考虑这样做对周围人会造成怎样的影响，遇事吼叫已成为她们最习惯的反应方式。

所以，当孩子的某些行为触动了妈妈的愤怒节点，妈妈会很自然地吼叫出来，并试图通过吼叫来纠正孩子的行为，还会期待孩子在吼叫之下能回归妈妈所期望的状态。

孩子在认真地看动画片，妈妈走过来问道："中午你想吃什么？"孩子没有理会她，妈妈以为他没听见，便提高了声音又问了一遍，但孩子还是没理会她。妈妈有些焦躁了，挡在孩子面前，大声叫了孩子的名字，说："我跟你说话呢，你怎么不理我？"孩子则随着妈妈的遮挡也歪了身子，他不想错过动画片连续的剧情，因此依然没将注意力分给妈妈。

妈妈大声吼道："妈妈跟你说话，你怎么这么不在意？整天背什么'父母呼，应勿缓'，就只会说，你看你做到了吗？对妈妈一点儿都不尊重！问你吃什么，顺着你，你还倒了不起了！"说得着急了，妈妈上去拽了拽孩子的胳膊，接着顺手关掉了电视。

孩子这才回过神来，赶紧回答妈妈的问题，但心里也老大不高兴，嘴里嘟嘟囔囔的，可想而知，接下来的这顿饭是什么滋味。妈妈则觉得，还是吼叫管用，孩子不仅理会了她，还好好回答了她的问题。她自己也似乎习惯了这个样子，吼完之后，就仿佛什么事都没发生一样继续忙自己的事情去了。

你是不是也是这样子呢？动不动就用吼叫来解决问题，而且还觉得自己吼叫得很有道理，重要的是很有效果，可事实却并不一定如此啊。

就拿前面这件事来说，孩子专心地在看动画片，很专注，妈妈突然问话，相当于打断了孩子的专注，此时他听不到你的问话是很正常的，我们在专注做事情的时候也可以做到"旁若无人"，有时孩子在我们忙的时候在我们身边不停地说话，我们可能还会因为心烦吼他们几句。

换位思考一下，我们就能明白孩子为什么不能对我们的话及时应答了，因为他已经沉浸在他喜欢的事情里面。此时，如果我们想要和孩子沟通，就要先把孩子的注意力吸引到自己这里，让他从自己感兴趣的情境中出来，再继续你们的沟通。这时的沟通才是有效的。

你看，跳出当时的情境，认真想一想，你的吼叫是不是显得非常突兀呢？可遗憾的是，我们很多时候都意识不到这一点，就是因为我们已经习惯了，觉得到时候还是吼一嗓子比较管用，事实上，真的管用了吗？

实际上，那些我们认为不错的吼叫效果，有一部分可能是孩子"演"出来的。

一位妈妈有一个4岁的女儿，她发现每次她刚一吼叫，女儿就做出可怜的样子，不管是刚才发生了什么事，她都会马上说："妈妈，我错了，对不起。"有了这样的话，妈妈后续的吼叫也没法再继续了。

这个孩子很乖吗？又或者是很懂事吗？不是的。

后来这位妈妈发现，这只是孩子的小"伎俩"，聪明的女儿发现道歉之后，妈妈的情绪就缓和了很多，于是女儿内心有了这样认知：及时道歉=安抚妈妈=让自己免于被吼叫。

连单纯的孩子都意识到，及时道歉，表现得乖一点，就能换来平静，但她却并不一定真的能意识到自己刚才做了什么。

孩子这样做的原因再明显不过了，她不喜欢被吼叫，不喜欢面对吼叫的妈妈，妈妈的这个坏习惯已经开始对她快乐的生活产生了影响，所以她才会装模作样。

当你的习惯对他人造成了不好的影响，就应该改掉这个习惯了。

孩子不喜欢你的吼叫，你的家人也是同样的心理，不管是对着孩子吼，还是对着家人吼，这个坏习惯不仅伤害了对方的情感，对你自己也是一种伤害。

因为你会时刻处在一种愤怒的情绪之中，你总是从一些看似很平常的事情中找到那个让你愤怒的点，然后自己将自己带到那条愤怒的路上，用吼叫来发泄自己的情绪，其实就是为了让自己感到舒服而已。

这样一个吃力不讨好的坏习惯，何必留恋呢？

当然，要打破一个已经形成许久的思维定式，改掉吼叫的习惯，并不是一件容易的事情，所以没必要太过苛刻，想要一夜之间就有变化，这几乎是不可能的。所以还是需要我们好好观察自己，认真观察和感受前面提到的那些触发节点，然后客观地面对自己的行为对自己、孩子以及家庭所产生的影响。

　　先认识坏习惯，然后再纠正坏习惯，养成好习惯，这才是迎来美好生活的良好开端。

第四章
寻找——发现藏在愤怒之下的原因

为什么忽然就愤怒起来了？你有认真想过这其中的原因吗？平时生活中，很多妈妈就好像随身带着小炸弹，说不准什么时候就丢出一颗来，一声炸响，震得周围所有人都不舒服。而面对孩子的时候，妈妈也更容易被"引爆"，稍有一丁点儿不满意，立刻就对孩子横眉立目。

你哪里来的那么多愤怒呢？好好找一找吧，看看到底是什么原因才导致你总是要以愤怒的面孔来面对孩子与周围的人。

你心中的愤怒真的来自孩子？

生气发火吼叫，总不会是无缘无故的，所以你一定会为自己的愤怒找一个原因。人的怒火有可能是来自各方面的，可是很多妈妈却觉得，自己的愤怒只是来自孩子，就是因为孩子的某些行为导致自己有这个混乱的现状。

在我们的内心中，自己、孩子以及愤怒之间，是这样一种模式：

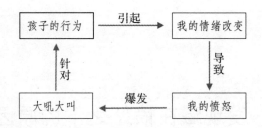

不过，这些问题还需要你考虑一下：

在生活中，你是否也有这样一个"情绪怪圈"？

在这个"情绪怪圈"中，"始作俑者"真的是孩子吗？

在孩子看起来和事件无关时，你是否能控制住自己的情绪，不对他吼叫？

对孩子愤怒的背后，暴露了什么？

这些问题，不知道你会有怎样的答案呢？先来看这个案例：

一位妈妈工作过程中电脑出了问题，很重要的文件丢失了，让这位妈妈感到崩溃。这时，孩子却跑过来不停地问："妈妈你怎么了""妈妈你电脑坏了吗""妈妈你怎么不跟我说话""妈妈你哭了吗"……

妈妈急得大声吼叫："你离我远一点！别过来招惹我！我烦着呢！我电脑都坏了！你别在这儿捣乱！"

孩子撇撇嘴，默默地走开，远远地看着妈妈，然后自己找了个小玩具在手里无聊地拨弄了起来。

等到问题解决了，妈妈才看向孩子，看妈妈情绪好一点了，孩子走过来说："妈妈你刚才都不理我，我给你拿纸擦眼泪你都不接。"

妈妈无话可答，摸摸孩子的头，而孩子却完全"不计前嫌"，又跑到妈妈怀里撒起娇来。

你看，这位妈妈的愤怒，其实是来自自己工作的问题，重要文件的丢失引发了她的焦虑，她全身心用在应付电脑问题上，当时的情况让她无暇顾及孩子，孩子好心的询问让她感到烦躁，从而把孩子当作发泄情绪的对象，对他大吼大叫。

而当问题解决之后，妈妈的情绪慢慢平复，这时再去回想孩子的行为，他做了什么？他不过是在妈妈着急的时候给予了妈妈最基本也最直接的关怀问候。

如果这个关怀问候是来自孩子的爸爸或朋友，我们多半会选择描述自己的问题，并尽量寻求帮助。但对方是孩子，我们却嫌弃他，对他发火，冲他吼叫，认为他非常碍事，希望他赶紧走开。

成年人总会人为地将事情分成两类，一类是可以与孩子共享的事情，另一类则是需要"屏蔽"孩子的事情。一旦认定某件事是不能让孩子参与的，成年人对孩子的拒绝将是无比坚定的，尤其是感觉在被干扰的时候更是如此，哪怕采用吼叫的方式也在所不惜。

同样的问题，只因为面对的对象不同，我们的表现就能有如此大的差异。如此来说，你还能肯定你的愤怒都是来自孩子的吗？

我们愤怒的并不是孩子的行为，我们只是站在自身的高度，用俯视的角度来对待孩子，挑他的错，显示自以为是的威严以及表达自己不想被打扰的态度。

成人的世界比较复杂，在问题面前，我们可能无能为力，可能无法依靠自身的能力来处理，如果这时候孩子"没有眼力见儿"，你越是着急忙慌的时候，他越会往跟前凑，可想而知我们的情绪会坏到何种程度。

当然，也不能排除他的确是在向你表达关心、询问你的情况，但同样不能否认的是，他也会觉得这种情况非常新奇，他好奇到底出了什么问题，想要了解发生的事情。这是孩子好奇的天性，你不能怪他。

在这种严峻的"考验"之下，只有"久经考验"的经验丰富的父母，才能做出正确的选择：把不明所以的孩子先安顿好，再静下心来处理自己的事情。

因为通过长期的实践发现，对孩子发泄了愤怒，也并没有解决问题，反而会把事情搞得更糟。因为这时候你不仅要考虑已经发生的问题，还要顾及孩子，你会更加烦躁，然后你的愤怒还可能会延展到更大的范围。

可是一旦问题解决了，你会发现孩子原来真是可爱啊。你看，你的情绪随着问题的变化而变化，与孩子到底做了什么是不是并没有太大的关系？

再想想看，如果是在你并不急躁的情况下，孩子问你，"妈妈你怎么了？""妈妈你心情不好吗？"你多半都会好好地回答他吧？因为这是亲子交流的大好机会，你还应该尽可能多地引导孩子表达，不仅为了培养他的表达能力，更为了培养他的爱心。

所以，愤怒皆有源，寻源才能平愤。好好做到这一点，才能避免对孩子的误伤。

原生家庭的影响——你的父母也经常对你吼叫？

你的吼叫，或许是源自内心深处的那种"不自觉"，甚至可以说，这种"不自觉"已经深深印入骨髓，成为"骨子里"的某种被压抑的"怒吼"，一旦遇到可以"透气"的环境或时机，"骨子里"的那个"怒吼"就会爆发出来。你感觉到了吗？

这个"骨子里"的东西又来自哪里？或许就来自你的原生家庭，因为小时候你的父母也曾对你大吼大叫，你当时是"愤怒"的，但又不敢"爆发"，于是它就一点点刻到"骨子里"被压抑起来，直到有一天，你也做了父母，做了妈妈……

因为一件小事，女儿哭了。我当时眉头就皱起来了，因为那件事在我看来真是不值一提，有什么好哭的呢？一开始我还劝一劝、哄一哄，但是一点儿都不管用，我有些烦躁了，声音严厉了一些，但她并不听。直到最后我不能忍，吼她："有什么好哭的啊！动不动就哭，你烦不烦人！一点儿小事也受不了，就你这样以后能干什么！别哭了！烦死了！妈妈小时候……"

我的话忽然打住了，因为我想起了自己像女儿这么大的时候，我也是爱哭的，而我的妈妈也是这样吼我的。我刚才说的话、说话的样子，真是和妈妈当初对待我时的情境如出一辙。当初妈妈说出那些话的时候，我非常难过，认为哭是错误的，但同时也觉得怎么连哭都不让，妈妈太"残忍"了。

而现在，我居然将自己经历过的那一套又重新搬到了女儿身上，看着女儿眼泪哗哗地掉，我叹了口气，把女儿拉进怀里，摸了摸她的后背，放缓了声音说："妈妈抱抱，抱一下就不哭了啊！"神奇的是，女儿的哭声竟然慢慢小了，一会儿就停止了。

这是一位妈妈的真实讲述，自己小时候曾经经历的，现在看着孩子再"经历"一遍，自然会感同身受。

这重现的场景也说明了一点，我们现在对孩子的吼叫，有一部分原因是来自原生家庭的影响，因为吼叫是会"传承"的。

父母是孩子的第一任老师，而妈妈也可以说是孩子最为贴近的老师，妈妈的一言一行，会被孩子看在眼里、记在心上。

聊天的时候，有的妈妈会说："我那孩子鬼精鬼精的，小小的人儿，叉着腰瞪着眼就会说'你再闹我就打你屁股'，也不知道从哪儿学的。"

怎么会不知道从哪儿学的呢？多半都是跟你学会的啊！

孩子对成年人的模仿是一种无差别的模仿，一切他看着"有趣"的行为他都能学为己用。

所以，原生家庭的影响对于某些妈妈来说，可能将会是吼叫的最主要原因。

如果你的父母对你吼叫，那么你也会很自然地对自己的孩子吼叫。而另一方面，父母对你的吼叫已经在你内心打下了印记，一旦遭遇压力，这些过去的印记就会开始"闪光"，你会默认吼叫是此时最正确的方式。

有一个事实是，很多长辈并没有意识到他们的吼叫对我们是会带来负面影响的，而我们在小时候便也在这样一个吼叫的环境中成长，进而形成习惯。

作为成年人，既然已经意识到吼叫并不是正确的教育方式，那就要有判断能力，有自我改变的意识与行动。

原生家庭中所给予你的不好的影响，不能成为影响你一生的阴影，千万不要纵容自己一直活在阴影中。

过去长辈的吼叫让我们感到难过，充满了吼叫的家让我们感觉到没有温情，一片冰冷，因此我们不能将这样的家庭氛围再带给我们的孩子。学习与成长，不仅是孩子的专利，作为妈妈更需要成长。

既然如此，就要学会用成年人的方式去思考，找出那些触发自己吼叫的因素，分析这些因素是不是与自己的童年经历有关。

重要的是不要从经历中回望自己的痛苦，而是去发掘自己的行为以及与之相连的想法和情感之间的关系。

比如，你对孩子随意弄脏沙发的吼叫，让你联想起自己小时候父母对整洁的要求，那你就洞察到了自己的需求，所以你只是希望孩子也保持整洁，那就去选择更合适的方法来引导他。如此一来，你选择的就是自己做父母的方式，而不是成为自己长辈们教育作风的延续。

有人会抱怨长辈给自己留下了如此不好的记忆，这其实并没有多大用处，长辈已然如此度过了他们人生的大半时光，再去纠结抱怨，并不能给他们的人生带来改变，当然对我们自己的人生也不会有好的影响。

既然我们现在已经对此有了清醒的意识，那就一定能打破吼叫的"死结"，摒弃不正确的育儿观，寻找到最有益于自身和孩子成长的新的思维和行为模式。

现在开始，我们来思考下面这些问题：

第四章　寻找——发现藏在愤怒之下的原因

你的长辈或其他看护人是否经常对你吼叫？

在你童年时期，家庭中的吼叫频率是怎样的？

你家庭中最常爆发吼叫的情境是怎样的？

家庭中的吼叫是否有伤人的话语出现？

伴随吼叫，你还经历过其他的惩罚吗？

被吼叫时，你的感受是怎样的？

你是否因为被吼叫而对自己失望？

你是否对那些吼叫感到心服口服？

长辈或其他看护人是否因为吼叫而对你抱有歉意？

你更喜欢家庭中怎样的教育方式？

除了吼叫，你更希望他们能如何对待你？

你对自己孩子的教育受到过去自己被吼叫的经历的影响了吗？

过去你所遭受的吼叫对成年的你认识自我都产生了哪些影响？

认真思考这些问题，或者与周围人交流一下，找出过去的你被吼叫的原因。你直面过去的勇敢态度，会帮助你正视那些伤痛，帮你走出过去的阴影，同时也能打破你从原生家庭中"继承"而来的吼叫传统。

建议你把这些问题的答案记录下来，帮助自己记忆、加深思考，这样你会发现有一些需要你特别留意的地方。

需要注意的是，说这些不是为了让我们否定父母的付出。我们要意识到，父母也是在自己的能力范围内选择最好的方式养育我们，他们虽然有失误的地方，但是已经尽到了自己最大的努力。

而我们要做的，是继承好的部分，修正错误的部分，我们和父母有同样的期待，就是希望我们的家庭生活越来越美满，孩子能成才，我们的努力都是基于这个方向。将来我们的孩子也会继续总结我们的失误，同时继承我们做得好的部分，将我们的好家风和好习惯传承下去，他们的生活也会越来越好。这是我们最希望看到的。

我们各方面的能力也许早就优于父母，也就更有能力改变自己的行为，再回望当初那个因为吼叫而难过的孩子以及你的家庭曾经面对的教育难题，你也将从中有更多的收获。

继承与修正，这是每个人、每个家庭努力的方向，是一条光明大道，值得我们每个人去为之努力。

你是否感到生活和工作压力过大？

有这样两句话，或许我们还记得：

"当你生活在压力锅中时，你得学会如何生存，也学会放别人一条生路，否则会有人在你的喉咙上划开一道口子。你得学会体谅。"

"心若是牢笼，处处为牢笼，自由不在外面，而在于内心。"

这是电影《肖申克的救赎》中的两句台词，电影用台词描绘深刻的内涵，我们也应该从有智慧的语言内容中有所感悟。

人人都有压力，生活的、工作的，种种压力充斥着我们的人生。每个人都是在压力下生存，但并不是所有人都能很好地应对压力。

有相当一部分人应对压力的唯一方式就是发泄，结果将自己困守于压力的牢笼之中，同时也将那负面的情绪传给他人。

"你得学会体谅"，这个世界上不是只有你才有压力，谁都会有压力，包括孩子。

你的压力用这样的方式释放出去了，孩子的压力又该如何化解呢？

妈妈因为工作上的问题以及人际关系问题而陷入焦躁，从回家那一刻起就满心不高兴，重重地摔门，重重地丢鞋子、丢包。

没好气地问早已放学在家的孩子："吃什么？"

孩子一看妈妈情绪不对，连忙乖巧地说："什么都行。"

妈妈却皱眉提高声音说："你有没有主见？天天连吃都让别人

第四章 寻找——发现藏在愤怒之下的原因

决定！"

孩子一缩脖子，只得说："那吃米饭炒菜。"

妈妈一声没回应，转头就走，开始没好气地做饭。孩子大气不敢出，乖乖地在屋子里坐着看书。

忽然妈妈又返了回来，问道："作业呢？今天不是考试了吗？"

孩子一抖，连忙说："作业做完了，考试……80多分吧。"

妈妈却忽然吼了起来："我累死累活地工作，在外面受别人的气，回家还得伺候你，你就拿这成绩报答我？别人呢？人家别人都考多少？我看你快了，不挨揍是不行了。一天到晚没个让人高兴的时候，妈妈在外面让人家那么欺负，你可是一点儿都不给我争气。我养你有什么用？净给我丢人添堵！"说完，妈妈摔了孩子房间门出去了。

孩子一声没敢吭，外面安静了没几分钟，就听妈妈继续吼："你爸也不早回来！整天就知道自己那点儿事儿，一点儿都不关心家里！一点儿责任心都没有！"

孩子忍不住堵住了耳朵，却没敢堵死，小心翼翼地听着门外的声音，一旦妈妈脚步近了，就赶紧把手拿下来。

妈妈又一次猛地推开门："给你爸打电话，让他赶紧滚回来！"

孩子默默地看着来回晃悠的卧室门，心里木木的，却又隐隐地疼，拿起电话，内心却明白，今天晚上，甚至说未来三天，家里的气氛都将如此压抑了。

这个场景并非杜撰而来，是一位成年女性真实的童年经历，她说："妈妈有压力，但是当时才不过小学五年级的我，不知道应该如何安慰。妈妈也因此抱怨我不懂安慰、不懂事，可是我能说什么？我又知道什么？爸爸都不能平息她的怒气，我能怎么办？虽然这样说有些不孝，但我还是想说，您自己的问题，您不想着怎么解决，将气都撒在我们身上，这算怎么一回事呢？而且您反过来还要教育我，凡事要靠自己。妈妈的压力，已然变成了全家人的压力，她只要一情绪不好，那全家也就都跟着不好了。"

这是多么深刻的记忆啊！已经成年的人依然能将童年里这样一件事清晰地表达出来，且连感受都记得如此真切！

你有过这样的经历吗？

你觉得生活、工作让你肩膀上背负了重重重担，所以你便"理直气壮"地去发泄自己的不满，让这些压力不断复制，以交由他人与你一起背负？

对，没错，是复制！

你因为压力而对着家人吼叫，尤其是对着孩子吼叫，意味着你将自己的压力复制了一份丢给了他们，而你自己本身的压力并没有被解除，因为问题还在。

你看，这样的你，真的相当自私。简单一点来描述这时你的状态，那就是"我不好过，那我周围的人也都别想好过"。

你是妈妈，对待孩子，对待最亲近的家人，怎能如此残忍？

生活本就不易，也不会有轻而易举便有收获的工作，这些理应是我们心知肚明的东西。一个人在开始生活、开始工作之前，就应该有足够的心理准备，并要有强大的内心承受能力，只有这样才够资格称得上是成熟的人。

用吼叫来减压，用向孩子吼叫来泄愤，都是最糟糕的压力应对方式。因为每当你这么做时，你都在冒着破坏美好亲子关系的风险。

压力来源于每个人对未来的渴望以及对自身的不满。既然如此，就应该想着去解决问题，提升自我，然后为了想要的那个未来而努力。

前面提到的那部电影中，还有一句台词是这样讲的："I guess it comes down to a simple choice: get busy living or get busy dying."生命可以归结为一种简单的选择：要么忙于生存，要么赶着去死。

不要让压力把你压得不知所措，压得只能去折磨比你能力更弱小的孩子，因为没人愿意"赶着去死"。压力是你的动力，要怎样前进，要怎样让孩子看到一个压力之下依然能开朗大笑的妈妈，这些才是你最需要考虑的问题。

你可以忙于生存，但一定要有智慧地生存。没有什么问题是解决不了的，没有什么压力是值得你用其来折磨孩子的。

做一个为自己情绪负责的人，是我们教养孩子过程中应该学会的第一步。

夫妻关系紧张是否也会让你迁怒于孩子？

一个家庭中包括很多关系，夫妻关系、亲子关系、亲戚关系。这其中，最重要的一个关系应该是夫妻关系。一般来说，一对夫妻是一个家庭中最重要的组成部分，夫妻关系是否和谐，关系到这个家庭的所有关系是否稳固。

夫妻关系对亲子关系的影响是巨大的，因为夫妻关系如果紧张，那么孩子很有可能会成为这种紧张关系的牺牲品。

一位女士就讲了这样一件事：

"有一次，妈妈工作上遇到了问题，但她非常固执，爸爸的劝阻不仅不管用，反而激起了她的怒气，让她认为爸爸是在帮着外人欺负她。爸爸也被妈妈的那些气话惹怒了，两人爆发了激烈的争吵。我那时候马上要上初中了，一听他们吵架，我就在自己屋子里没敢动，想等着风暴过去再出来。可他们越吵越厉害，没一会儿，爸爸郁闷得摔门出去了，妈妈气得一个人在屋子里大骂。

"因为他们吵得时间太久，我憋不住想去厕所，只能赶紧从屋子里跑出来，想着上完厕所就赶紧回自己房间。哪知道，半路碰倒了凳子，妈妈立刻将矛头对准了我，她吼叫着骂我：'你也没事找事是吧？躲在屋子里指不定干什么坏事！看爸爸妈妈吵架好玩是吗？连劝你都不知道劝一句。就你这样的还上初中？外面吵成这个样子你都不管，一点儿孝心没有，上什么学？你看看人家孩子，知道哄着劝着，知道自己好好学习，争点儿气，你就只顾自己在屋子里偷偷干事儿，也没见你成绩有多好。没出息的玩意儿，跟你爸一样，自己狗屁不懂，还总嫌别人说。吵两句就滚出去，没能耐！你这自己关屋子里，也是一路货！'

"我站在原地没敢动，内心却觉得好冤枉，我干什么了？他们俩吵架，每次都波及我，每次都能绕到我身上，训斥我一顿，对我吼有什么用啊？你们夫妻之间的问题，又不是我造成的，怎么每次我都要成为你们的出气筒啊！我为什么要被这样骂？说得还那么难听！"

夫妻关系是一种很神奇的关系，原本陌生的两个人凭借情感的联系组成一个全新的家庭，并由此延续生命，延续一家之风气。

夫妻因为情投意合而组建起自己的小家庭，在两人天长日久的相处中，往往会暴露出各自思想、原则价值观等方面不合拍的地方，但更多的是生活中的小问题、小摩擦，然而就是这些小问题和小摩擦，积累起来就会成为不可沟通的大问题、大障碍。

这对夫妻之间的问题，就是对事情的看法存在分歧，而对自我情绪的掌控又都不好。结果一个靠躲开来逃避现实，另一个则将无处发泄的怒火趁势都撒在了孩子身上。对于孩子来说，这是多么难过的局面。仔细看看妈妈说的话，其实都是对孩子爸爸的不满，但却借着训斥孩子来表达。

从亲子情感上来讲，在夫妻关系中受了气，却拿孩子来出气，这的确是说不过去的，孩子受的就是无妄之灾。

但从个人情感上来讲，很多妈妈之所以会拿孩子出气，也无外乎内心的委屈无处释放。

夫妻关系中，再强势的女性也希望自己能得到男性温柔的呵护与安慰，一旦得不到，求而不得的心理会让女性的失望情绪被放大。

而在孩子的世界里，妈妈又是他最为依赖的人，所以他无时无刻不想从妈妈那里获取更多的关注。如此一来，就会出现这样一种情况，妈妈想要得到爸爸的呵护却不能被满足，可孩子却还要从妈妈这里不断索取。

情感上的失落与渴望，会让妈妈的理性渐渐远离。那种失望感总要有东西去填满，既然想要的温柔得不到，那出口气也就勉强算是让自己放松一下吧。

结果，妈妈身边最容易"下手"的对象就是孩子，妈妈本身那种求而不得的失望、对对方的愤怒、对孩子的那种"我没有得到也不想让你得到"的暂时性"扭曲"心理，都会导致妈妈对孩子吼叫，用吼叫来宣泄自己负面的情感。

我们可能不会永远都保持理性，但经营一段关系却需要我们慢慢学会如何保持理性，并学会用理性去解决问题。

而且，夫妻之间的问题，请一定用成年人的方式去解决，不要将孩子带进那么复杂的关系之中。因为孩子要通过他的眼睛去看，看你们这些成年人是怎样处理彼此之间的矛盾的，难道你也想看到将来你的孩子用迁怒他人的方式来处理他遇到的所有问题吗？

你不会想看到的。所以，如果夫妻关系出了问题，请回到原点去解决问题，切莫对孩子发泄自己的怒气，一旦将来他长大后重复你的生活轨迹，那将是恶性循环，那时的你再想挽回局面就没那么容易了。

所以，为了整个家庭的未来，请学会理性地解决问题，切莫再去制造新的问题。你的随意吼叫伤害的不仅是孩子，更是整个家庭的和谐，请三思而后行。

你在试图操控孩子？

从积极层面来讲，妈妈是孩子最好的塑造师，妈妈的言行举动、妈妈的思想情感、妈妈的喜好兴趣，都将为孩子打开不同的世界瞭望口。

孩子是乐于接受妈妈的影响的，与最亲近的人保持一致，在孩子人生的很长一段时间里，他都会不自觉地这样去做。

但是这种影响是要有度的，不要让影响变成操控，否则，难过的不仅是孩子，妈妈也同样会觉得难以自控。

晚上八点半，妈妈催着5岁的儿子躺到了床上，并嘱咐道："乖一点儿，赶紧闭眼睡觉，不然明天起不来了。"

男孩摇了摇头，很正经地告诉妈妈："可是妈妈，我现在眼睛闭不上。"

"闭不上也得闭！"妈妈提高了声音，"现在不睡，明天早上起不来怎么办？"

小男孩并不情愿，他一点儿都不困，于是就在床上翻来翻去。

没过一会儿，妈妈火了："你烙饼哪！这么晚了还不睡，明天去幼儿园就该迟到了！"

男孩连忙说："妈妈我不想睡。"

"睡不着使劲睡！"妈妈吼道，"你要是不赶紧闭上眼睛睡觉，我就打你屁股！"

男孩很委屈，但一直对妈妈言听计从，又不敢随便动，就这么一直僵着身体，但还是睡不着。

没过多久，妈妈一看孩子还睁着眼睛没睡，火气更旺了，干脆噼里啪啦训斥起来，好一顿吼，主题只有一个："你不睡觉就不是乖孩子"。

最后男孩是挂着泪珠睡着的，妈妈反倒觉得，还是自己连吼带吓唬管用，不然他指不定要折腾到多晚才睡呢。

睡觉原本就是一个自然行为，困了自然会睡，不困硬要睡是一件多么艰难的事情。但妈妈却很"坚定"地想要操控孩子去睡，闭眼、躺着不许动、睡不着使劲睡……好残酷，妈妈当时是不是恨不得给孩子安装一个遥控器，只要按一下孩子就能很快按照妈妈说的做好？

当孩子不能按照我们所想去表现或行动时，有的妈妈就会立刻变得烦躁不安，接着便试图用吼叫来震慑孩子，并希望通过吼叫让孩子心甘情愿接受自己的"纠正"，使之回到自以为是正途的道路上来。

有这样心理的妈妈，掌控欲望强烈，对孩子缺乏信心，不肯认同孩子的独立成长，并且有过于强烈的"自我原则"和自我认同感。

但同时，这样的妈妈却也表现出了一种强烈的不自信。她不相信自己的教育是可以让孩子有所成长的，所以必须要时时刻刻都将孩子的言行举动掌控在自己手中，看着他按照自己所说的去做，一旦有不符合自己所说的便立刻让其改过来，这样她才能安心。

成为这样的妈妈，真的是太"辛苦"了。你会失去很多可自由支配的时间，因为你的时间都被你调配去掌控孩子了；你也会失去很多惊喜，因为你已经预想到了在你的掌控之下孩子应该表现出来的样子，所以你的教育过程会变得刻板而无趣。

也许一开始你会为孩子对你言听计从而感到欣慰，认为"宝贝真乖"，但很快你就将发现孩子未来的走向将不会再掌控在你的手中。

首先孩子自身会有改变，3岁以前的孩子可能会将妈妈说的话当成"金科玉律"，"妈妈说什么我都照做"，这是他的信条，因为他确定这样做会得到妈妈的鼓励与夸奖。但3岁之后，孩子的思想会发生巨大的变化，"自我意识"会越来越成为他思维的主导，比如，他开始说"不"，他开始希望很多事由自己来，他会出现自我安排，等等。

其次就是你的改变，你会发现需要你操心的事情越来越多，你必须不停地为孩子指挥，不停地说"这样不行，你要那样"。因为孩子接触到的世界广了，要做的事情多了，而你自己的事情也不会因此而减少，越来越多的问题将会让你应接不暇。

这是不可避免的家庭成长之路，你和孩子都在成长。所以这样的情况注定让你不能选择掌控孩子，否则你的生活、孩子的世界都将出现崩塌。

从另一个角度来讲，妈妈对孩子的操控，其实也是孩子对妈妈的另类"掌控"。

我们原本可以做很多事情，可是孩子的行为超出了我们的掌控范围，那么我们就不得不将时间腾出来以纠正孩子，如果孩子不那么顺服，我们还要付出体力大吼大叫，付出心力去烦躁不安。

最终，吼叫的我们身累心累，被吼叫的孩子伤心不已同时又不知所措，而问题可能还没有得到解决。

孩子是一个灵动的个体，需要靠自己的能力去成长，只有经历自我发现、发展，他的世界才会变得充实起来。

不要觉得"操控"孩子是一个多么值得骄傲的行为，所谓"听话""懂事"，从某种角度来讲并不是值得夸赞的表现。孩子一定要有自己的主见和独立思维，他要学会为自己的生活负责。

妈妈放下内心的那种操控欲望，才能从更客观的角度来观察孩子，并意识到孩子自我成长的重要性。发现了这一点，妈妈便不会再因为孩子的言行与自己所想有悖而觉得焦躁、难以忍受，没有了这样的负面情绪，自然也就不会忍无可忍地吼叫出声了。

没有能量爱自己，也就没能量爱孩子

孩子考试成绩不理想，妈妈生气地吼道："你得好好学习啊！我就因为种种原因没机会好好学习，现在才没法和外面那些人拼，在单位也总是让人欺负。你看看你这成绩，怎么这么差啊！你现在不好好学习，将来要是跟妈妈一样了你可怎么办啊！我都这么苦了，你还不听话，等你也这么苦的时候，你找人哭人家都不理你！"

一般这样的话，妈妈都会自我感觉很苦口婆心，认为用这样的话来刺激孩子，孩子就会心生悔意，并由此被"激发"出上进心来。

可实际上，吼叫本就让孩子感觉很糟糕，其中的内容又是大量负面性的，尤其是妈妈那种对自我的不满意，带给孩子的是满满的负能量，他又怎么可能从中获得激励呢？

你所经历的就是这样一个沉重的连锁式反应：

没能量爱自己→发散负面信息→心中所想便是眼中所见（孩子的缺点）→触动心底的愤怒→吼叫→丧失爱的表达→没能量爱孩子→对什么都爱不起来（包括爱自己）

不仅如此，还有的妈妈会有更令人难过的想法，"我自己还什么都没有呢，哪有心情管你！"这便是典型的"没能量爱自己，也就没能量爱孩子"的表现。

就一般人的思维来说，能够付出的前提，多半是自己先拥有。一个本身就缺爱的人，让他去付出爱，这几乎是不可能的，没有感受过便没法让他人去感受。

同样道理，妈妈如果不爱自己，没法在自己身上制造出正能量，对待孩子便也会百般挑剔，当然也就无法真正爱孩子了。

很多时候我们对孩子的吼叫训斥，看似在说孩子，实则是在说自己。我们借助吼叫孩子这样一个渠道，来发泄对自己的不满，对孩子的每一句吼叫，其实应对的都是我们自己的问题。

"你总是这么不听话"→我的话对孩子不起效果

"你怎么总让我不省心"→我总是焦躁不安对孩子不放心

"你不好好学习，将来可怎么办"→我自己现在糟糕的生活就是孩子未来的前景

"你难道要像妈妈一样吗"→我真讨厌现在的自己

当你讨厌自己的时候，你现在的一切就会成为你教育孩子时的反面教材。但是你是不是忘记了一点，孩子总是会以妈妈为榜样的，你以为你在

"卖苦情",你在"激将",错了!孩子不会意识到其中的深意的,他只会感受到你的负能量,并真的开始向你所不期望的那样发展。

所以,作为妈妈,一定先要爱自己,然后你的爱才能感染孩子。

爱自己,你会更正确地看待自己。

对自己无爱,便会嫌弃自身的缺点,并忍不住遮掩这些缺点。哪怕是自己独处,也不愿意想起自己哪里不好,更不愿意让别人提起自己的问题。

很多时候,我们都是明知道自己有问题,却又刻意装作看不见。时间久了,还会自暴自弃地认为,反正我已经那样了,还能有什么改变吗?如此一来,人也就变得越来越颓废。

但反过来,正因为爱自己,所以会很清楚地意识到自己哪里做得好,哪里做得不好。明白自己的问题在哪里,并愿意想办法解决问题;知道自己哪里有缺陷,也并不避讳,能补上便补上,就算补不上,也并不因此而沮丧、遮掩甚至自惭形秽,而是能坦然面对。

爱自己,你会更愿意完善自己。

爱是一种动力,对自己有爱,就会更有动力去完善自我。这种完善,不仅是将自己原本的问题解决掉,也不仅是弥补自己之前没做到或没做好的,而是对自我的一种"锦上添花"。比如,多学一门手艺,绘画、书法、棋艺、琴艺、插花、茶艺、编织、手工;比如,多培养一些兴趣,登山、游泳、唱歌、跳舞。

还有一种完善自我,是对自我的装扮。先不说妈妈的身份,仅就女性的身份来说,你就有理由将自己打扮得更赏心悦目一些。不一定很夸张的妆容,但每天利索整洁,不是头不梳脸不洗,也不是随便找一件衣服穿上就出门。你应该好好打理自己,至少让孩子每天都能看见干净而又漂亮的你。

爱自己,你会有更多好心情。

爱自己,就会让自己变得更宽容、更随和。因为爱自己,不舍得让自己伤心难过，不舍得让自己焦躁烦闷，所以你就能心平气和地面对各种事。没有了烦躁之心，怎么可能还会去吼叫呢？

尤其是面对孩子的时候，你的好心情能让你更多地注意到孩子的美好，如此一来你会更关注孩子，也会更愿意用合适的方式来引导他，帮助他变得更好。而孩子因为接收到了你传递的良性信息，他也会更愿意亲近你并通过模仿学习来向你靠近。孩子变好了，你的心情也会更好。

爱自己是一切爱的基础，心中有爱，整个人都会变得柔软起来，吼叫也就会在不知不觉中远离你，直至消失不见。

成人的三种分身：父母、成人与孩子

你能确认自己的身份吗？

作为成年人，看到这样一个问题时，可能都会觉得有些好笑吧。尤其是那些已经组建了家庭、有了孩子的成年人。

实际上，每一个成年人都会有三种分身，分别是父母、成人、孩子。

父母：代表责任，只要有了孩子，"父母分身"便成为不可逃避的一种姿态。

成人：代表成熟，以一种为世间所认可的姿态出现。

孩子：代表放纵，可以像孩子一样抛开一切，同时尽情释放一切。

你完全可以确定你是父母，也能确定你是成人，那么孩子呢？你有没有发现，在你身体里面，还有一个年幼的你存在呢！

有一位妈妈有这样的困扰：

我儿子5岁了，在他面前我觉得我总能很快就失去耐心。

一个周末，我打扫了一上午卫生，中午又忙着做饭，提醒在客厅玩的儿子赶紧把玩具收好，然后洗手吃饭。可是当我把饭菜摆好桌，却发现他根本就没有理会我说了什么，依旧在玩不说，客厅反而比刚才更乱了。

我大吼:"你怎么总是不听话!我不是让你收拾玩具吗?你是不是不想吃饭?不想吃就走吧!快走!我不要你了!我要累死了!不想再跟你折腾!"

儿子怯怯地看着我,然后就是一连声的"不要,我不要",直至他忍不住带上哭腔,眼泪也掉了下来。

类似的情况在我家里每天都要上演好几遍,难道说我愤怒的阈值比较低?儿子似乎总能很轻易就点燃我的怒火,而我也似乎太容易发怒了,家里时常回荡着我的吼叫声,我自己其实也挺苦恼的。

其实,这位妈妈的怒吼,就是她在利用自己的"孩童分身"来释放压力。她劳累了一上午,可能已经到达了疲惫的极点,但却发现孩子悠闲自得地玩耍还不听她说的话,这时她内心的"孩童分身"便被完全释放了出来,她的吼叫也折射出她的渴望——她也希望能有如孩子一般的一段轻松玩耍的时间。

作为妈妈,承担的责任似乎要更大一些,每天除了自己的工作生活,还要照顾一家人的生活,孩子更是我们心中的重中之重。我们迫切希望孩子能如我们所愿那般听话乖巧。但事实却是,孩子永远不会按照我们的思路去思考行动,于是我们繁重的工作生活之外,就要对孩子操很多心。

对于那些对自己、对家庭、对孩子有格外高标准要求的妈妈,这几乎就是她压力的最主要源头。那么,你是否每天也在承受高压?孩子的某些表现是不是时常会让你崩溃呢?这时我们应该想到,吼叫只是因为我们也想丢掉那些压力,也想轻松如孩子一般,但现实的责任与压力,却远不能容许我们这样做。

而与此同时,有一些妈妈的烦恼是来自孩子的"两面性",有一位妈妈的经历是这样的:

孩子在学校和在家是两种状态。

在学校里,她懂事、严谨、独立、自主,课桌收拾得干净整洁,言行举动非常有礼貌,老师夸奖她,同学拿她当榜样。

可只要一回家，她就完全变了样子，东西随便乱丢，吃完的零食空袋子随处可见，桌子上也是乱堆一气，好久才整理一次。她总是撒娇，还挺爱哭。

我真怕她这样成了习惯，表里不一将来可怎么办？

孩子的这种表现，其实也是她在不同场合下不同"分身"的表现。在学校里是乖孩子，是她对完美成人的模仿，是"成人分身"在她身上的一种早期表现。而回到家之后，她便显露出了真实的孩童分身，她也需要从对外的那种成熟世界中走出来休息一下，重新变成爱撒娇、什么都不愿意做的懒散孩子，从而卸掉一身的压力。

如此来看，成人的分身、父母的分身，是我们展现给外界的成熟表现，而孩童分身，则是我们释放压力的那一部分。不管是对孩子还是对于已经成年的我们来说，这样的分身转换都是人之常情。

既然如此，如何消除火气，避免吼叫，我们也应该清楚了。

一方面，控制好自己内心的"孩童"。

面对孩子的问题，你如果也跟孩子一样去"硬碰硬"，多半失败的是你。面对年龄越小的孩子，你的挫败感也会越强。毕竟你是成年人，你不可能和孩子一样那么放纵自我。

所以你要学会与自己体内那个任性的孩童和平相处，当他想要冒头的时候，就是你要减压的时候。找一件自己喜欢的事去做，或者定期独处一段时间，这样可以有效地为自己减压，化解不良情绪。

另一方面，允许孩子回归自己的本真身份。

如果说成年人有孩童的分身，那么孩子本身拥有的就是孩童的分身。很多成年人不愿意孩子表现得这么放肆不成熟，总希望孩子能如己所愿地快速成长。这其实有些苛刻了。孩子在成长过程中，不断地配合着成年人来表现"成熟的自我"，但他也有压力，他也需要将本真的那一面释放出来。

孩子的成长需要足够的时间，需要一点一点地学习成人的行为与规则，这个学习过程不是一蹴而就的。那么成年人就要有足够的耐心，等待孩子身体里那个"成熟自我"慢慢发展起来，这样孩子才会自然而然地长大。

懂得了这些，我们就能明白，很多时候孩子并不是故意要犯错，故意要和你对着干，他们只是做了和他们年龄段相符合的事情而已。我们用不着对他们的一些表现上纲上线，也不要动不动就吼叫连连，试图用自己成年人的标准去要求他，这对孩子来说是不公平的，是拔苗助长的行为。

作为父母，我们是成年人，是孩子的榜样，也是他模仿的对象。从这个角度来说，如果我们想让孩子有良好的成长空间，那么，我们就要做出样子来给他看，让孩子看到我们是如何用成熟的自我来帮助内心那个幼稚的自我成长的。

当孩子看到我们的努力之后，他一定会受到激励，此时他们的努力才是发自内心的、愉悦的，而在这种家庭氛围中长大的孩子，想不进步都很困难。

选择很重要，是选择放纵我们的情绪，继续用"幼稚"的方式和孩子相处，还是成长起来，做个有担当的妈妈，相信明智的你早就有答案了！

让你经常吼叫的其他因素

生活本身就充满了各种不确定性，有时候你会觉得你的生活失去了控制，很多事都如潮水般压过来。那些来自家中的、外界的种种事情可能会让你悲伤、难过，会让你烦躁、郁闷，有时候你会想干脆躺下不起算了，干脆放手不管算了，干脆一个人走掉算了。最令人沮丧的是，这样的感觉有时候会持续很久。

这些都是生活中灰暗的部分，是一些负面的因素。如果这些负面因素在你的生活中不断堆积，就会成为你经常吼叫的原因。除了前面提到的工作、原生家庭影响、夫妻关系之外，生活中还有很多情况都会"引爆"我们的坏情绪。

因素一，夫妻分居与离婚。

"我不想吼叫的！"一位妈妈说，"可是每当我9岁的女儿从她爸爸那里回来之后，都会表现得很不一样。我们离婚早，那时候她才4岁，她爸爸也许是为了补偿她，每次见她都把她宠上了天。不知道是不是疑神疑鬼，我总怀疑她爸爸会对她说我的坏话。因为每次她回来，总会有那么一两天不太听话的时候，我说什么都不听。我们之前养成的好习惯，她也说不遵守就不遵守了。我经常吼她，提醒她不要忘了是谁把她拉扯大的，可是这并没有什么效果。你说她怎么能这么没良心！"

当爸爸妈妈不能同时陪伴在孩子身边时，一些情感的处理就比较复杂了。很少有夫妻分开之后还能保持理智的态度，最常见的是彼此双方都会对孩子说对方的坏话，并尽力表现得要比对方好，以争取自己在孩子内心的地位。

对于有些妈妈来说，孩子被爸爸"收买"是很令人烦躁的事，所以那位妈妈才会如此焦虑。其实孩子可能没有太大的变化，妈妈却会疑神疑鬼，导致孩子的一些无心之举就被放大了，并被贴上"没良心"的标签。

妈妈之所以对孩子吼叫，其根源还是在夫妻关系不和上，妈妈对孩子爸爸的愤恨，已经随着两人分开无法直面发泄了，就发泄到孩子身上。

更有一部分妈妈，因为分居或离婚，自身情绪本就不稳定，情感方面的挫败、生活中的重大变化，很容易让她们崩溃。这时，孩子也就成了情感发泄的对象。

若想要在这种情况下减少吼叫，请试着这样做：

1. 要做好心理准备。

你要有心理准备，要有耐心，不要因为孩子不断变化的行为而焦虑不安，并冲他吼叫，这样只会拉大你与孩子之间的距离。你最好提前给自己一些心理安慰，让自己的情绪看起来不那么糟糕。你也要设定好底线与规矩，这其实也是在给孩子建立安全感，同时防止他对你的进一步挑战。另外，你也可以延缓与回家之后的孩子的重新联结，他在适应，你也需要慢慢适应。

2. 与孩子保持联系。

当孩子离开你的身边去对方身边时，你最好和孩子有联系，如通过微信、QQ消息、电话等方式来关注他不在你身边时的生活，表达你对他的爱。可以在他去对方家中时，给他准备小惊喜，比如买几本他喜欢的书籍或小礼物，给他留一个小便条或是一封写着你心里话的信，等等。

孩子需要有安全感才可能适应两种不同的生活，他的情绪平稳了，也就能在父母双方之间成为调和剂，从而表现得从容、大方、自然。

切记一点，不要过多询问孩子在对方那里的生活，否则孩子会觉得自己被审讯了。原本父母分离家庭的孩子就比较敏感，你的反复询问，甚至是很不理智的评价，都可能会让孩子怒火上升，反而更容易有让你吼叫的行为出现。

3. 多留意自己的过激反应。

与曾经相爱的人分离，并不是所有人都能坦然应对。有一些决绝的女性，更愿意与对方老死不相往来。而看到孩子，或者看到孩子与对方的相处，甚至联想到孩子与对方在一起的情景，都可能会让有的妈妈感到烦躁，这时也是最容易发生吼叫的时候。

所以你要记得提醒自己，努力保持平静，不要将孩子表现出来的一些行为，尤其是你觉得不好的行为与对方相联系。

4. 多关注孩子。

一定要告诉孩子，父母的分离并不是他的错，你要告诉他这是成年人彼此之间的问题。最好多倾听孩子的心声，多给他爱与关心。当孩子感受到了安全感与爱，他也就不会用过激的行为来验证妈妈是否还爱着他了。

因素二，大家庭中的养育。

现在很多家庭都是夫妻二人与家中长辈一起养育孩子。年轻的父母们需要工作养家，闲下来的老人们往往会成为年轻人的助力，帮助他们一起教养孩子。

长辈们的教育理念自成一体，他们养育了自己的孩子，所以会自觉颇有经验。

而年轻的父母们也有自己的想法，有的不满意长辈的教育，想要孩子不再吃自己吃过的苦；有的又觉得长辈们的教育太过时，想要跟随当下的最新教育；还有的则比较干脆了，"孩子生了就是给老人带的"，父母彻底放权，教育孩子的事全归了老人。

这样的大家庭中，对孩子的教育不可避免地会出现冲突。比如一个最简单的场景，孩子想吃零食，我们不想给他吃，想让他养成准时吃三餐的好习惯，但长辈们却因为疼惜孙辈而不理会我们的拒绝，结果孩子得意扬扬，我们火冒三丈，借着对孩子吼叫来泄火，而我们自己也可能还会迎来长辈对我们的吼叫。更有甚者，大家庭之间还会发生争吵。

遇到这种情况，请试着这样做：

1. 一定要尊重长辈的付出。

不管怎样，原本可以轻松生活的长辈来帮我们照看孩子，为我们的生活减轻负担，这就已经是很让人感动的行为了。对长辈的付出报以感恩和珍惜之情，肯定他们的辛劳，会让他们更为欣慰。当长辈心境平和时，你的建议也好，意见也罢，都更有可能被他们听进去。

2. 建立一个一致的教育环境。

每个人都有自己的思想，这是很正常的。你的长辈将你养育成人，所以他们觉得自己有经验、有资格这是没错的，你一定不要反对这一点。

选择一个合适的时机，在肯定长辈的辛劳、保留他们好的教育方式的基础上，将你的想法以及对孩子的教育观点讲述出来。

讲述时要保持心态平和，语气不要生硬，要有理有据地表达你的观点，不要想着一定要说服谁，让长辈知道我们的想法，获得尊重就好。这种开诚布公去阐明观点的方式，要比你生硬直接地去和他们较劲好得多。

沟通是非常有必要的，毕竟彼此的观念都是根深蒂固的。而与此同时，我们也要意识到，长辈的做法并不一定都是老套的，我们的新教育观点也并不一定就是完全正确的。本着为孩子好的态度，平和地去和长辈沟通，相信一定可以得到一个大家都满意的结果。

3. 一定要参与到教育孩子的过程中去。

除了非常想要实现自己教育理念的父母，还有一种父母则完全做起了"甩手掌柜"，完全将孩子丢给长辈，这是最不可取的做法。

没参与过孩子的教养过程是非常令人遗憾的，终究会有一天，你发现孩子有问题你完全插不上手，你不知道发生了什么，而你要做点什么又完全没有头绪。看着弱小的孩子，你选择狂吼来展现你的权威，却发现他躲在了爷爷奶奶的身后，离你越来越远。

看着和你距离越来越远的孩子，你的无力感会越来越深。你以为这么小的孩子根本不用教育，做错了事吼他几声他就会知道错了，就会往正确的方向走。事实证明，这是多么天真的想法！

我们都知道"留守儿童"的状态令人感到疼惜，同时也感觉这些孩子非常可怜。但是，如果你在孩子身边，却缺席了他的教育过程，那么你的孩子和"留守儿童"又有什么区别？他的身体虽然没有"留守"，但心理却被极大地"留守"了。爸爸和妈妈在他的心里只是一个并不那么亲近的称呼，已经失去了他们的意义。

孩子对父母的渴望，必定会在一次次失望和期盼中一点点消失殆尽。当我们到了一定年龄，回过味来再想和孩子亲近，再想对他的人生进行指点或再想参与进来的时候，发现"门"已经找不到了。

而你想象中的，不用付出太多，只是吼几声他就会吓坏了，就乖乖听话的想法，是非常幼稚可笑的。教养孩子不是简单的事情，需要我们付出时间和精力，孩子是需要父母陪伴的，没有爱和陪伴，他连听你说话的心情都没有，怎么可能坐在那里老老实实听你对他吼？

事实却是，你越大声，他离你越远。因为你从来没有付出过，你的缺席他早已变得麻木，所以，他也不必担心会失去你；你的吼叫和怒气，反而会让他更加叛逆，让他离你更远。

所以，很多在年轻时忙于工作和应酬而忽略了孩子的人，都发出了这样的呼声："千万不要缺席孩子的成长，等他长大后，这种遗憾是用多少钱都弥补不了的。"这是过来人的呼喊，我们要警惕呀！

因素三，自身生理与病理的变化。

女性的生理期是一个比较"神经质"的时期，这个神经质的时期一旦到来，很多女性会变身为"喷火龙"，一丁点儿的事情，都可能会引发其怒火。

同样的，身体上的病理变化也是如此。身体上的病痛会引发情绪的低落，情绪低落时很自然就会看什么都不顺眼。

如果是这些因素导致的吼叫，请试着这样做：

1. 为你的生理期划定"警戒线"。

你应该养成记录自己生理期时间的好习惯，这能方便你察觉自己情绪改变的时间。一般来说，女性生理期的时间是3~7天，那么情绪变化就可能会从生理期开始前几天一直延续到生理期结束，也就是10~15天。

在时间快到的时候，你可以尽量做一些能让自己感到愉快的事情。

而你也可以提醒孩子："未来几天妈妈的情绪会不太好，所以希望你能乖一些，并能体谅妈妈。"提前给他打好预防针，让他在学会体贴妈妈的同时，也明白妈妈的情绪变化不是因为自己而起，这样孩子心里就会少一些委屈和负罪感，这也是为孩子减压。

另外，你最好也提醒你的伴侣，让他在那几天对你多一些包容，帮你多做一些事情，减少你情绪波动的机会，以顺利度过这段时间。

2.对你的病理变化不要"移情"。

你生病了，这并不是孩子导致的，或者说除了极个别的特殊情况，你的疾病都是你自己的身体出了问题，所以不要把生病的账算在孩子头上。

尤其是不要对孩子说，"你看我都病了，你还这么气我"，这样的话会给孩子带来心理负担。如果说得多了，孩子不但不能学会体谅，还会感到痛苦压抑。因为我们生病孩子是无能为力的，你告诉他这些，他并不知道自己能做什么，他不知所措就会陷入苦恼，到头来你觉得不舒服，他也同样很难过，还会产生心理压力。

你应该正视自己的身体，积极配合治疗，乐观是帮助你改善身体状况的最好辅助良药。你要让孩子看到你不妥协、不放弃的样子，你积极地生活，他也会更积极地向你学习，并努力在你面前展现他的积极乐观。

因素四，来自你内心的"评估"。

你肯定在心中有意识或无意识地做过一个"评估"——对孩子大吼大叫的"成本"其实是"很低"的。因为孩子离不开你，你再对他吼叫，你还是他的妈妈，他还是会以各种方式表达对你的爱。但是，如果你冲着陌生人吼叫，可能人家就会骂你甚至打你；你如果冲着同事吼叫，人际关系就会产生裂痕或障碍；你冲着领导吼叫，你可能就要失去"饭碗"，当然你基本也不敢，除非到了万不得已或"鱼死网破"的地步。

这样一看，冲孩子大吼大叫的"成本"如此之低，导致吼起来无所顾忌。这个"成本"在当下来看貌似很低，但长远看来却是极大的。如果你真意识到了这个"大成本"，恐怕就会主动去学习如何自控了。

遗憾的是，很多年轻的妈妈并没有意识到或看清这一点，实在是一件令人遗憾的事。不过，如果从你看到这段文字的当下开始改正，还来得及，至少比一直冲孩子吼下去好太多了。

人生无坦途，且人人都如此，没有什么是必须吼叫的理由。

第四章 寻找——发现藏在愤怒之下的原因

孩子是生命的延续,并不是供你发泄的工具,吼叫与教育无关。

吼叫并不能改善你的所有困境,对孩子吼叫更不能做到这一点。你的生活总要继续下去,黑夜过去就是白天,雨后总能天晴。孩子的成长不会重新来过,不要等他长大之后才去遗憾。

你还可以做很多事,你可以不断地发现问题、改正问题,每天花几分钟来冷静地思考,用看待一个独立的人的眼光去看待你的孩子。

你的反思越多,进步也就越大。此时,也许你会发现,生活中很多吼叫的理由,"地基"都非常薄弱。在攻克了一个个薄弱的"地基"之后,不吼叫的平和的生活,就出现在了我们的面前,这才是我们真正值得去付出时间的令人喜悦的生活!

第三部分

做不吼不叫的好妈妈
——少些吼叫多些爱

一位中医博士曾讲过:"任何一个没有经过教育的婴儿,如果对他表现出厌恶的表情,他立刻会感受到,并且开始哭泣,哪怕他只有3个月大……"

孩子都喜欢被温柔相待,别说吼叫了,就是妈妈脸色严肃一些,孩子都能敏锐地察觉到妈妈情绪的变化。那些被吼叫的孩子,内心会更加难过。

我们总说,"我是妈妈,我当然爱孩子",可是我们却总是对孩子恶语相向,而且还是大吼大叫地说出来的,孩子多半是体会不到我们隐藏在吼叫之中的爱的。

少一些吼叫,多一些爱,就像孩子那般直白地表达"妈妈,我好喜欢你"一样,也用温柔的笑颜让孩子感受到来自妈妈的爱吧!

第五章
接纳孩子——接纳不完美的自己

每一位妈妈,都是从孩子出生之后才开始正式成为妈妈。之前理想化的认知在育儿"实战"面前不堪一击,当真正面对孩子的时候,你才会发现,原来你需要学习的东西还那么多,你注定是不完美的。只有接纳了不完美的自己,你才可能有进步。

接纳孩子,接纳自己的不完美

这个世界上没有完美的人,这是人人都知道的道理,但却并不一定人人都接受。人们眼中更多地看到的是他人的不完美,会选择性地忽视自己的不完美。妈妈的表现尤为明显,因为妈妈会更为关注孩子的问题。

有一个孩子成绩非常差,妈妈为他找了很多补习老师,却都无济于事。直到有一位老师发现了孩子并非不会,而是不想努力。老师建议妈妈,多和孩子聊一聊,如果不行就找家庭咨询师咨询下。妈妈却认为,这个老师是不是不行,不行就换一个好了,本来就是孩子学习成绩差,做什么家庭咨询?他自己不好好学习,与家庭又有什么关系呢?

妈妈的反应,其实是一般人的无意识反应。当某个问题可能会涉及自己的时候，就会下意识地推卸责任，并极力为自己找借口。

这其实也恰恰是我们排斥自身不完美的表现。接纳不了自己的不完美，便也不能针对那些不完美而做出改变。自己没有改变，自己眼中的孩子也就一如既往地问题连连，而自己也同样一如既往地不断上火，继而怒吼。

很多妈妈都有这样的认知，"孩子好了，我自然也就好了"，可孩子真正需要的却是"妈妈好了，我才会好"。

妈妈眼中孩子的"好"，是妈妈对孩子给予的厚望，"一定要把孩子养成理想型"这样的想法充斥着妈妈的大脑，一旦孩子表现不佳，她们就陷入了纠结、犹豫、自责、内疚之中。

而孩子需要的"好"是一种健康的生命状态，即便没有实现妈妈的期待，也能被接纳；在感到悲伤、难过、挫败的时候，可以获得妈妈的支持与接纳；能够得到妈妈的信任，即便不断犯错，也不会被啰唆说教，可以在不断试错中成长。

孩子是独立的、完整的人，不是妈妈实现自身完美的工具，所以不要将养育孩子当成机械性的工作，只要我们不过分追求完美，看得到自己的努力，学会谅解自己，也就能更理智地看待养育孩子这件事了。

当孩子出现问题的时候，不要逼迫自己必须完美解决孩子的问题，放轻松，才更容易反观自身，要给孩子创造一个更为有利的成长环境。

你要意识到，你注定不是完美的，这个世界上没有完美的父母，孩子也并不需要完美的父母，他需要的是能正视自己的问题，并不断努力、不断进步的父母。

父母不是神，会有局限和不足，但即使自己做得不完美，仍然能够爱自己，才有能量去做得更好；即使遇到挫败，仍然能够不放弃成长，能够积极主动地修复亲子关系，这是我能想到的父母送给孩子最完美的礼物。

这是一位心理咨询师也是一位妈妈所说的话，应该对我们有所启发。

第五章 接纳孩子——接纳不完美的自己

每一个人都行进在不断成长的路上,就算你的身份是妈妈,你也是从有了孩子之后才开始踏上做个好妈妈这条道路的。

我们也是第一次做父母,第一次做妈妈,所以不要给自己那么大的压力,你完全可以做到这样的事:

第一,不要拿自己的孩子和别人家的孩子做比较。

幼儿园家长群中,一位妈妈用又羡慕又焦虑的语气说:"你们的孩子都这么聪明啊,老师教的儿歌听一遍就能全背下来了,我儿子现在也就会说一两句。他是不是特笨啊,还是说他调皮不好好听老师说?男孩子,就是不如女孩子,注意力不行。唉,谁家宝贝儿给我语音背一遍啊,回头我在家里给他'补补课'。"

不就是一个儿歌没背下来,这位妈妈的联想可真丰富。不管妈妈日后给孩子怎样"补课",都会给孩子带来很大的压力。

为什么一定要这样比较呢?你可以换个角度去看,你看,他从幼儿园老师那里学到了儿歌,虽然今天可能只会说一两句,但剩下的部分他已经熟悉了,明天他也许就会说三四句了,这种"明天可能会有彩蛋"的期待感难道不令人惊喜吗?

再说,与别人比较是没有价值的,每个孩子的天赋不同,成长的速度也不同,可以这样说,孩子和孩子之间是没有可比性的。如果从这么小的年龄,就把孩子拿来和别家孩子比较,只会让原本可以在某一方面很出色的孩子变得越来越平庸。因为他感受到的始终是自己不如别人,连最亲爱的妈妈都对他充满了焦虑,那这个孩子从何处去建立自信呢?

妈妈的比较对孩子来说是很大的打击,对他的成长几乎没有任何帮助。我们可以让孩子和自己去比较,是不是今天比昨天进步了一点点?这样的比较才是健康的,才是有益于成长的。

第二,不要让他人的言行举止左右了自己的思想。

如今的时代,我们可以学习的方式多种多样,很多妈妈通过众多媒介接触到了非常多的育儿思想，于是生搬硬套到自己的生活中。

比如，一位妈妈从某育儿内容中看到"不要当众批评孩子"，而她刚刚在外人面前批评过自己的孩子，接着她就觉得自己是错误的，开始紧张，开始联想那育儿内容中所说到的，孩子被当众批评之后的种种表现，进而越来越内疚，忍不住更加关心孩子。

她的突然转变让孩子有点不知所措，孩子感受到妈妈在他面前畏首畏尾的态度，开始试探妈妈的底线，妈妈很苦恼，但是又不敢管教，生怕自己管教不当让孩子形成"更大的心理伤害"。

碰巧某一天，她又看到一篇文章，"缺乏管教的孩子难以成才"。这让她更加困惑，到底孩子应不应该管？该怎么管才算对？她是一点头绪都没有了。

其实，再好的育儿理念提供的也仅是一个参考，我们不可以照搬过来，而是要通过智慧的分析与判断，结合自己家的实际情况有取舍地选用。

每个人都是"独特的育儿专家"，因为你的孩子是这世上独一无二的，所以靠他人的方式来教育自己的孩子，成功的概率真是太小了，你才是最了解自己孩子的那个人。

这种智慧也是在育儿过程中锻炼出来的，只要我们对孩子充满爱和接纳，就一定能选择正确的适合自己的育儿方法。要知道，妈妈们天生都有教育的敏感度，只要静下心来，就一定能做出最合适的选择，要相信自己啊！

第三，要认真而努力地过好自己的生活。

自己的生活才是最真实的，喜怒哀乐和酸甜苦辣都在里面，你要给孩子呈现一个认真而努力的形象。你会在生活中遇到困难，也会有烦恼，但你不抱怨、不紧张，遇到事情积极地去想办法。孩子看到的，是你怎么从烦恼中站起来，怎么想办法解决问题。

不要在孩子面前伪装一个完美的、不会犯错的形象。孩子总会发现你也有做不到、做不好的事情，告诉孩子这就是生活的常态，我们都要接纳。

让孩子看到我们的努力就好了，我们对生活积极的态度，对他是一个最好的激励，他会把这种精神学习并传承下去，也成为一个乐观努力的人。

给孩子一点成长的时间

有这样两种情况，不知道在你的家庭中是不是都出现过：

第一种，孩子尚小的时候，你不允许他做任何你认为不合适的事情，你用各种"不行""不能""不可以"来阻止孩子。但是随着他慢慢长大，当他到了你认为可以做某些事情的时候，你又很强硬地要求他必须马上做出来，如果他无法实现，就会换来你的呵斥与吼叫。

第二种，你希望孩子能马上做到你希望他做到的事情，哪怕你只说了一遍，或者只提醒了一句，孩子也必须要按照你所说的准确无误地表现出来。一旦他没理解、没反应过来、做错了，那么等待他的就只有你的训斥，而你训斥的主题就是"我说了多少遍了，你怎么就是记不住""我说了要这样做，你怎么还那样做""你是傻子吗？我说的话听不懂吗？"

对于妈妈们望子成龙的心情，我们都非常理解。但是，你往往忽略了一个现实，那就是：每个孩子的成长都需要时间。

哪怕是那些所谓的"天才""神童"，对所有的事情，他们也不是看一眼、听一句就完全知道应该怎么做的，而是需要自己亲自去尝试、练习才能学会的。

宋代吕本中所撰的《紫微杂说》中讲："揠苗助长，苦心极力，卒无所得也。"

每一个孩子的成长都要走一条完整的时间线，没有人是突然长大的，不经过反复的练习，知识只能是刻板的知识，不会被理解、吸收；而不经过真实的体验，经验也只不过是可以被复述的简单的句子而已，并不能形成智慧被我们运用到生活中。

成长和蜕变都需要时间，遗憾的是，还是有很多妈妈会忽略这个时间。

一位妈妈讲："我儿子才4岁，他能做什么？衣服穿不好、鞋子也套不上，每天时间那么紧张，我只能代劳。可听他幼儿园里别的孩子的家长说，他们的孩子自己穿衣服、穿鞋，怎么我的儿子就这么笨？我也希望他赶紧表现得自己什么都能做啊，可他就是不开窍我有什么办法？"

另一位妈妈又讲："我女儿都小学三年级了，做什么都不行。你说一遍，她就跟没听见一样，你给她做一遍，你做完她扭脸儿就忘。真是笨得可以啊！听老师说她反应也不是那么灵活，我这是生了个笨姑娘啊！看着她做事的笨样子，我就忍不住要发火……"

对于任何一个孩子来说，这世界都是全新的，所以他需要一点点去认识，慢慢地去摸索，这个时间是没法跳过去的。这与孩子是不是开窍、笨不笨真的没有关系。

时间未到，孩子的成长就没有完成，当然不可能看到结果。

举个最简单的例子，还记得你是怎么教你的孩子认识"苹果"这个东西的吗？

一开始你会告诉他，"这是苹果"，然后在以后任何一个能看见苹果、苹果图片的场合，你都会反复告知他，"这是苹果"，并在任何一个能接触苹果的机会，让他闻一闻、摸一摸、尝一尝。如此重复一段时间之后，孩子再看到苹果，才会将"苹果"这个名字与它的实体联系起来，并迅速在大脑中反应出它的味道、口感。到这时，才意味着孩子认识了苹果。

这是不是需要时间？如果抽走中间的时间，你觉得你只是指着苹果说一句"这是苹果",孩子就能认识吗?虽然不排除有"天赋异禀"的孩子,但对于绝大多数孩子来说,这都是不可能的。就算你吼叫,说孩子怎么这么笨,他也不可能有什么改变。因为没有时间做基础,他的大脑不会有那么深刻的记忆与体会。

孩子的成长需要时间,孩子与孩子之间也有差异性,这和大树的生长是一样的。有些树长得快,挺拔又有形,但是它不粗壮;有些树虽然长得慢,但是长得比较结实,成熟后也有它的用武之地。

我们的孩子就像小树苗,在孩子的生长过程中,我们不能一眼看出这是一棵怎样的小树苗,但是我们能做到的是,给他提供足够的生长空间和营养,不去阻碍他,让他自由自在地生长。

我们要给孩子成长的时间,要相信每个孩子都是独特珍贵的,他是为了世界更美好而来。父母有这个信念在,就不会对孩子成长过程中表现的"慢半拍""不如人"等现象焦虑失望了。孩子是我们自己的,我们都不相信他,还有谁会相信他呢?

信任他,欣赏他,放开手。身为妈妈,这种珍贵的生命能量一定要给到孩子身上,这是孩子成长最珍贵的养分。

孩子一定要与这个世界有接触,才可能更快地认识世界,并迅速地融入这个世界。那些所谓的"危险的事情"或者说"不是小孩子能做的事情"都只是成年人的"自以为是"罢了。

比如,四五岁的孩子,你会让他去拿菜刀切菜、开火做饭吗?一定有人会说"那哪里是小孩子能做的事情,太危险了"。可实际上,真的有很多孩子四五岁的时候就开始动刀切菜、开火做饭,有的是家庭原因,有的是父母的有意锻炼。

只要你愿意付出时间,讲给孩子听、做给孩子看,允许他上手锻炼,他完全可以做到更多的事情。只有我们放开手,他们才有更多的成长机会。

孩子都是在"犯错误"中、在"栽跟头"中成长的，所以，请务必正确地看待孩子的各种"错误"。

拿杯子喝水却洒了一身、没法按照要求画一个圆、不能立刻完整流利地背诵、比别的孩子慢半拍……从小到大，孩子会犯很多错误，你能容忍吗？有的妈妈就不能。一旦孩子做不好、做不到，就会被怀疑、被训斥，甚至遭到大吼大叫的待遇。

其实，很多时候，孩子的"错误"根本称不上是错误，他们只是在学习，在练习。我们成年人习惯快节奏的生活，有时会忽略过程而直接想看到成果，只有拿出一个结论和成果来，我们才认为这件事是有意义的。

这种心态放在工作上表明了我们是积极上进的，如果放在教养孩子上，就显示了我们的急躁。正如前面所讲，孩子的成长需要时间。只有付出时间，多让孩子去练习，他才能更加熟练地做事情。

如果我们在该让孩子练习的时候代替了他，而在他长大之后又突然向他要成果，这是非常不现实也是不公平的。

所以，面对孩子，要多让他尝试，不要害怕他犯错误，在尝试与犯错中，他会慢慢地学会做事，慢慢地长大。

站在孩子角度，接纳孩子的情绪

接纳他人，看似很简单，实则却需要自己做好足够的心理建设，需要放下自己的价值判断，愿意走近、倾听、了解对方，以彻底走进一个人的内心。

尤其是对对方情绪的接纳，意味着你要将对方的全部情绪与感受都纳入自己心中，对其感同身受，同时又不被对方情绪所影响、牵绊。

生活中，人们总是习惯于将自己的感觉强加于他人，用自己的理解来判断他人的感受，用自己的价值观来评价他人的言行。这一点在成年人身

第五章 接纳孩子——接纳不完美的自己

上表现得尤为突出。

场景一：

孩子说："妈妈，我害怕那个小蚂蚁。"

妈妈说："有什么好怕的，要勇敢！你走近点仔细看，看多了就不怕了。"

场景二：

孩子说："妈妈，我不想跟他们打招呼。"

妈妈说："那你多没礼貌，你可不能做没礼貌的孩子，不然谁都不喜欢你。"

场景三：

孩子说："妈妈，老师今天说我了，我很不高兴。"

妈妈说："你肯定捣乱了，要不怎么不说别人就说你？你就是这么不听话，你有什么资格不高兴啊！"

……

孩子很真实地将自己的感受说出来，但妈妈却站在自己的角度"尽情"表达自己的看法，将孩子的情绪完全置于一旁。

场景一中的孩子，本身就害怕了，妈妈还要否定他的害怕，后面的鼓励更是让他更加紧张。妈妈如果换一种说法，"啊，我也有点害怕呢"，这会让孩子知道，他有害怕的情绪是正常的。若是妈妈再加入一些夸张的表情和动作，孩子可能会被逗笑，紧张情绪也被缓解了。

场景二中的孩子，很明确地向妈妈表达了自己的拒绝情绪，但妈妈却直接上纲上线到了道德层面，并给孩子贴上了"没人喜欢"这么绝对的标签。孩子肯定不喜欢这样的自己，可他此时的拒绝情绪妈妈也不理解，这就会让他感到困惑和烦躁。此时妈妈如果多问一句"为什么"，没准儿就能得知孩子真实的想法，也能更好地引导孩子学会见人礼貌地打招呼。

而场景三中的孩子，原本就因为被批评不高兴了，妈妈这种"凡事错都在你"的结论显然让他更加沮丧。为什么那么肯定就是孩子的问题呢？如果妈妈能够先认同并接纳孩子的情绪"在学校被老师批评，你难过极了"，然后再慢慢引导孩子说出事情的前因后果，相信他也会感受到温暖，并能有针对性地改正错误。

要实现对孩子情绪的接纳，就看你是不是能转换思路，站在孩子的角度去感受与思考，而不是用成年人的思维去评价孩子的感受。毕竟，很多事情在成年人眼中与在孩子眼中是完全不同的。

所以，你可以试着这样做：

第一，了解孩子产生不良情绪的原因。

作为人身体的一部分，情绪具有信号的功能，可以很明白地提示一个人某些言行的原因。孩子出现情绪的改变，一定有原因，了解原因，再去接纳就容易得多。

比如，孩子说他害怕，别直接就否定他的害怕，也不要不管不顾地生硬地鼓励，而是问问"为什么"；如果他表现得不情愿、不高兴，也要去了解他为什么会有这样的负面情绪，而非直接指责他的品行、否定他的所有行为。这种询问对孩子的某些不良情绪也是一种缓释，他会感觉到妈妈是乐于了解并接纳他的，而对于我们自己而言，孩子的回答也会给我们一点缓冲时间，利用这点时间我们可以更好地思考应该如何回应他。

第二，对不同年龄段的孩子区别对待。

对于小一点的孩子，应该让他意识到"你可以有情绪，但要告诉妈妈为什么"，这时的孩子正在了解世界，你至少要让他知道什么是可行的、是被允许的，他才能更坦然地去接触世界，而同时，他也要让妈妈了解他的想法，这样才能更好地彼此沟通。

对于大一点的孩子，我们表达出来的道理才可能是有效果的，给他介绍知识，让他了解他所害怕的东西；给他讲明白有些事比如礼貌，即便不乐意也必须要做，因为这是做人的本分；告诉他他有不高兴的权利，但是也要想想为什么会被老师说得不高兴；等等。等到孩子想通了，我们自己也平心静气了，这时再去鼓励他勇敢，他才可能真的勇敢起来。

第三，要及时对孩子表达你对他的爱。

孩子有了情绪，就需要我们好好地"接"一下，用他的视角去看待他眼中的世界，理解他的情绪产生的原因。而要做到这些，就需要我们内心有爱，只有爱才能让我们对孩子观察入微，并理解到位。这份爱一定要表达出来——"我理解你的情绪，并且依然爱你"，孩子需要获得这样的支持。

一位妈妈就讲："4岁的女儿有天小心地问，'妈妈，你刚才生气了，你是不是不喜欢我了？'我意识到我刚才是皱着眉和她沟通的，虽然解决了她的小问题，但我全程'冷面'，没有温柔地表达。女儿的感受如此敏锐，我赶紧告诉她'我一直爱你'，她反复确认才松了一口气。"

所以，对孩子要及时表达爱，你给予的爱能够让孩子在情绪起伏时更快地镇定下来。当他有了强大的心理依靠，才可能接纳妈妈的引导并愿意做出改变，变得坚强、勇敢，并为变得更好而不懈努力。

引导孩子成长，别替他成长

因为孩子而操劳的妈妈在提到自己操劳的原因时，都会说："孩子小，什么也不会干，干什么都磨磨蹭蹭，看着他啥也做不成太着急了。有时候时间又来不及，哪等得了他。"

是啊！孩子太小了，干什么都干不好，做起事来又磨磨蹭蹭，每次做事，妈妈恨不得帮他去完成，很多时候妈妈也是这样做的。

帮孩子做，看似快起来了，可他得到的全都是别人的经验，他没有自己的经历，等到自己遇到问题的时候，面对完全没做过的事情，他又该如何应对呢？

而且，你总是伸出援手，看似对孩子呵护有加，可有没有想过，孩子会因此依赖成性，他会误以为成长是一件简单的事情，误以为成功都不需要自己努力就可以到来。这样的孩子，日后会变得自私、暴躁，会看不起他人，会受不起挫折。

孩子变成什么样子，并不是他自己决定的，妈妈的举动会左右他的思想与行为。

有一位妈妈讲了这样一段小经历，其中孩子的表现值得我们思考：

3岁半的孩子说："妈妈，我给你画个圆。"

说完，他趴在桌子上，拿着笔开始了自己的"工作"。可他只有3岁半，所以手中的笔运用得并不熟练。

妈妈看了一会儿，觉得太慢了，便拿过孩子手中的笔，自作主张地画了一个圆，说："看，这样画才是圆。"

妈妈把笔还给了孩子，孩子却直接扔掉了纸和笔，然后气鼓鼓地对妈妈说："是我说要画圆的，你为什么要画在我的纸上？"

妈妈们可以理解这个孩子为什么突然生气了吗？有的妈妈不理解，我帮助他画了一个圆，我在给他示范圆的画法，现在的孩子怎么说翻脸就翻脸啊！

说实话，如果我们换位思考一下，我们就懂得了孩子的感受。孩子一心想着画一个圆，不管这个圆是不是完美，他在乎的是画圆这个过程，他想体验画圆的感觉，他想看到自己亲手画出的圆。

这是一种体验，可是这种体验还没来得及完成，就被妈妈剥夺了，换作是我们，可以做到心平气和吗？你以妈妈的身份剥夺了他尝试和展示的权利，难怪他会生气啊！

孩子是有自我成长的需求的，但并不是所有妈妈都能尊重他的这种需求。只因为看不惯他的慢、他的错、他的不行，我们就肆无忌惮地代替他尝试，单方面地想要"解决"掉他所有的问题，却还以为是在帮他。

孩子总有一天会学会自己画圆的，只要给他正确的引导，给他足够的练习时间，他一定能自己画出漂亮的圆来。妈妈的这种帮助不但会让孩子恼怒沮丧，对他的成长来说，其实也是一种扰乱的行为。

妈妈们又会问了：那在孩子学习的过程中，我们难道什么都不用做吗？那倒不是，我们可以引导他们，用引导的方式代替直接插手。那么，我们应该怎样做呢？

在孩子成长的道路上，妈妈要做到听、做、说、放这四点。

一听。

听清孩子要做什么，这是避免你随意插手给孩子"捣乱"的基础。同时你还要听一听孩子是不是有需求，如果是允许范围内的事物，你要予以满足。你还要听一听孩子的疑问，以便及时地答疑解惑。当然，你也要听到孩子的求助，他总有做不到的时候，你要根据他的求助来给予相应的帮助。

二做。

妈妈是孩子模仿的榜样。所以很多事你只要做对了、做到位了，孩子自然会跟着你学。面对孩子的求助也是如此，不是帮助他把他没做完或做错的事弥补起来，而是做另外一件相关的事，让他看到。比如洗碗，你拿着碗，在他能看到的地方认真地洗一遍，下次他洗碗的动作，就会是你的动作的翻版。

三说。

你所说的内容，可以包括指点、建议，唯独不要有训斥。孩子的成长原本就是一个摸索实践的过程，出问题在所难免，你的指点和建议才能帮助他认识错误并避免未来的错误。

说的时候要有技巧，不轻视、不嘲笑，认认真真地告诉孩子，也不用说太多大道理，越是实在易懂，孩子越容易接受。

类似于前面那个画圆的小例子，你也一定要先说，然后再做。你可以和孩子说："啊，妈妈也想画圆了，我能跟你一起画吗？"取得孩子同意之后，你也要重新拿一张纸和一支笔，在属于你自己的地盘里画一个圆，可以一边画一边说怎么画，让孩子听见你的解说、看到你的行为，这对于他来说才是一个正常的学习过程，经历这个过程他才算成长。

四放。

既然你已经听了、做了、说了，那就请放手吧，否则你之前做的那些就全都白费了。

哪怕孩子下一秒又失败了、做错了，你也要放手，而且还要用鼓励、信任的心态去面对他，而不是"忐忑担忧"的心态。尤其是他失败的时候，不要吼叫，成长中的失败是一种积累，你看得开，孩子才能看得开，才不会因为这一点挫折而退缩、放弃。

孩子并非完美，所以才需要引导，孩子天生向往独立，所以其成长才不可替代。

妈妈自身的成长，不在于你帮助孩子做了多少事，而在于你是不是能用较少的引导，来让孩子实现自我的发展。

你遇见一个独属于你的孩子，他是世界上独一无二的，尊重他的特殊性，摸清他的成长规律，接纳他，并有的放矢地引导他，他才会成长得如你所愿，甚至出乎你的意料！

少些功利心，就会少些吼叫

"你怎么就不能好好吃饭？你看人家别的孩子，自己用勺子、用筷子，饭还吃得干净。"

"你什么时候开窍啊！你们班别的小朋友都会背老师教的儿歌，你怎么就背不会啊？"

"你看人家楼上那个孩子，天天早起背课文，你整天睡懒觉，学习还

第五章 接纳孩子——接纳不完美的自己

能好得了？"

"唉，一听说人家谁的孩子考高分，就羡慕得不行，人家那孩子怎么养的！"

……

这些话，你有没有说过？就算没说过，你有没有想过？一代又一代，每一代都会有"别人家的孩子"来成为许多孩子的"榜样"。

可是，夸着别人的孩子，吼着自己的孩子，我们只是担心自己的面子过不去吧？

无法甩掉的功利心，会盲目地提升我们内心的标准线，导致孩子的正常表现反被嫌弃，也会导致我们焦躁的情绪时常爆发。

很多妈妈在自己内心中都有这样的一种想法，"我可以做到不炫耀孩子，但我没法忍受自己的孩子比别的孩子差，最起码也要和其他孩子齐平。"

这种想法无形中将所有孩子画到了同一条线上，"都是孩子，怎么别人就比你强"，这样的话正是功利心的一种明显表现。

有功利心的妈妈，眼睛多半都放在别的孩子身上，永远都感觉"别的孩子就是好"，总会用别的孩子的长处来与自己孩子的短处做比较，最终得出让自己懊恼的结论。因此而来的吼叫，全都是妈妈自己的攀比心理在作怪。

等电梯的时候，一对母子就站在我身后。

妈妈问儿子："今天围棋你赢了几盘？"儿子说："十盘里赢了三盘。"妈妈有些不高兴了："别人呢？你怎么总输啊？你自己说喜欢围棋的，这总输也没见有什么长进啊！喜欢就得做好啊！"儿子说："我赢了以前总赢我的那个人。"妈妈却皱了眉，高声说："你还觉得自己不错呢？就这一次赢了，还好意思说？怎么这么不虚心！"

电梯来了，我们一起走进去，妈妈依然在絮叨儿子，只要儿子反驳，妈妈立刻高声压回去。我比他们要早下电梯，临出电梯门，听得那妈妈嘱咐儿子:"回家好好看棋谱,明天多赢几盘,挺贵的班,你也给我争点气。"

我觉得挺无奈的,其实当时我特想问那个孩子一句:"你觉得围棋好玩吗?"

这是一位女士与人聊天时讲的一件小事,妈妈的功利心与孩子的无奈,让两个人都很疲惫。

妈妈完全没在意孩子是不是开心,用"你喜欢你就必须要做好"来绑架了孩子的兴趣,完全无视孩子赢的心情,只在乎他输的次数。而如果站在孩子的角度来看,他这一次应该是开心的,尽管赢得少,但他赢了之前总赢自己的人,这是一个不小的进步。

可这位妈妈根本看不到孩子的努力。妈妈在乎的是他能否常胜、多胜,孩子原本快乐的心情被一再打击……

不否认每个人对美好、强大、胜利都会有所追求,但如果这些追求是建立在不开心、被逼迫、被吼叫的基础之上,那么孩子也会对追求这种行为失去兴趣。

所以,你应该收回那"宽广"的视线范围了,多看看自己的孩子,没有比较才没有伤害。

千万不要着急给孩子"定性",因为你可能正在做"假认证"。

"哎呀,我孩子就是不行。"

"我孩子就是比别人反应慢。"

"你们孩子都聪明。"

……

请问,这种判断优劣的"标准"是谁制定的呢?

你总是以自己看见的孩子某几次的表现来做出判断,认为孩子"就是不行",可你确定自己看见的就是孩子的全部吗?

一位妈妈在参加幼儿园亲子参观日之后说:"我儿子在家里的表现就

是懒散得不行，吃饭要人喂，睡觉还得哄。结果今天在幼儿园观察他，他居然自己拿杯子喝水，自己拿勺子吃饭，睡觉也能自己脱袜子、盖好被子，并不像平时在家那样总是捣乱，也能好好坐着听老师讲故事，配合老师上课、做游戏。我才发现原来我儿子也没那么差。"

看看，你的定性是不是太早了？你要相信孩子一定会成长的，不要总看着别人的孩子好，你的孩子也会有好的表现。

今天的孩子就比昨天好——试着横向比较变纵向比较!

很多人会拿自己的孩子与别人的孩子比较，这其实是没有可比性的。因为孩子们的成长环境各有不同，个性也各有千秋。就像比较苹果与黄瓜的优劣，怎能比较得出来呢?

倒不如把这横向比较换成纵向比较，没准儿你就会发现孩子意想不到的闪光点，每一天他都有进步的可能，这才是你能看得到的成长。

虽然你可能看不到，但还是要相信一句真理——"家家有本难念的经"。

我们总看到"别人家的孩子"，但你有没有意识到，你的孩子其实也是"别人家的孩子"。每个孩子都有优缺点，只不过展现在外的可能都是优点，在你看不到的地方，谁都有缺点。

盲目羡慕"别人家的孩子"，对自己的孩子是最不公平的，因为你直接忽略了自己孩子的优点。

每个家庭在教育孩子方面都有成功或失败之处，你应该相信自己的孩子，也要不断地自我反思。让我们把目光收回来，多在自己的孩子身上花些精力，多发现并赞扬他身上的闪光点，帮助他分析和弥补自身的不足，这样他才能不断进步，并会让你时刻感受到惊喜。

试问：总是处在惊喜之中，你还有时间去吼叫吗?

身为妈妈的你，请想想自己做到"最好"了吗?

功利心带给我们的一个最大的影响，就是我们会看不到自己的不好。

我们强烈要求孩子如何如何，用吼叫来提醒他不如别人，但我们自己有没有做到最好呢？

答案往往是否定的。

有的妈妈总喜欢用"如果我是你，我早就如何如何了"的话来刺激孩子，意图提醒孩子他拥有多么好的机会、资源、能力，但是却不努力或者说他没有达成妈妈的期望。实际上这样的话最让孩子感到厌烦。

能说出这样的话的妈妈，其自身对生活都有一些不满，所以才会对孩子寄予厚望，希望孩子出人头地，这便是最大的功利心。孩子做不好，妈妈就会感到失望。

其实从某种角度来讲，妈妈对孩子也是"羡慕"与"嫉妒"的，也希望自己能获得这么好的条件，并懊悔自己从前不努力。

"我当时要是努力读书，现在就会如何如何……"

"我当时要是没有放弃我的爱好，我现在早就……"

"妈妈那时没有条件，要是有你的条件，我肯定……"

每个人的生活都有遗憾的地方，我们的遗憾需要自己去弥补，妄图通过孩子来实现自己未完成的理想，是不切实际的。他的明天是他的，你最应该把握住的还是自己的每一天。

想努力什么时间都不会晚。当你有了想为自己努力的心，你整个人也会精神起来，那样就会带动起孩子的精气神，他会以你为榜样，哪怕你不督促，他也一样愿意奋斗。

妈妈愿反省，孩子才愿改变

正如上文提到的，当妈妈愿意为自己努力的时候，孩子也会受到感染。同样的，勇敢接纳自己，愿意反省自我，这样的妈妈才能打动孩子，孩子也会因此而改变。

第五章　接纳孩子——接纳不完美的自己

"吾日三省吾身",这是古人流传下来的反省建议,但是现代人别说一日三省,很多人甚至都不能够心生反省之意。有些人看自己,从来都是逃避的,不愿意看到问题,不愿意直面错误,不愿意承担责任。

很多妈妈也是如此看待自己的:"我是妈妈,我是孩子面前的权威,我不可能有错,我的吼叫代表了愤怒,我的愤怒全部来自孩子,孩子就应该因为我的愤怒而主动改变。"妈妈总是高高在上,可孩子却对这样的仰视并不喜欢。

孩子不喜欢被命令,吼叫的命令他更讨厌。

妈妈吼道:"你给我把客厅的玩具收起来!不然就打你屁股!"

孩子完全没有理会,他不喜欢这样的妈妈。

妈妈又提高了声音,走过去佯装抬手,孩子赶紧收拾了一两个玩具,接着就又不理会了。

妈妈只能用更大声的吼叫和直接上手来逼迫孩子做事。

孩子是没听见吗?并不是,这种消极的应对其实就是他在反抗。你有没有回忆起来,你越是没好气地发号施令,孩子越是不配合。这是他在用最直接的方式来告诉你,他因为你的情绪而变得很不高兴,你越是吼叫他越是拖拉。

如果我们依旧没有反省之心,那就不要想着孩子主动去改变了。就好像是照镜子,镜子外的你都一脸凶神恶煞,又如何期待镜子里的你能笑面如春呢?如果我们首先做了反省,有了改变,也就能很快看到孩子的改变,因为孩子都是有向善之心的。

说到反省,首先需要有一个平静的状态。平静状态之下,人的思路才能清晰,对一些不太确定的事情也能认真分析其前因后果。

在你吼叫之后或者你遇到问题之后,找一个情绪稳定的时期,时间不要间隔太久,只要自己不那么激动了,就可以对刚刚发生过的事情进行反思。

你可以认真思考这样的一些问题：

我最近一段时间（一星期、半个月）里吼叫了几次？

我因为什么而对孩子吼叫？

孩子做的事情真的不可饶恕吗？

吼叫之后的结果是怎样的？

我最近遇到过哪些问题？

我有没有积极地想办法改变这种现状？

当我下决心去改变的时候，情况是不是有了好转？

接下来我要怎样做？

……

你可以拿一张纸或者准备一个反省用的小本子，每隔一段时间就把这些问题列出来，并根据自己内心的真实情况将这些问题写下来。然后分析这些问题的答案，将孩子的、你的、家庭的、其他人或事的种种表现都对应其中，为你自己的情绪做一番梳理。

要确定的是，你真的是在寻找自己的问题，而不是在找孩子的、别人的麻烦，因为很多人会习惯性地将自己从问题中抽离出来，并将责任推给他人。

比如，孩子不收拾玩具，有的妈妈会说是孩子不听话、没有好习惯、不懂得自律，等等，总之问题都是孩子的。可是，孩子成长中出现的问题跟妈妈有着很大的关系。孩子的固执，映射的一定是妈妈的不妥协和过分强制。

在接纳自己的前提下，好好地将这些问题的真正答案找出来，然后你就能看到自己的问题。意识到了问题，改变起来就会更容易，这就是反省的主要目的。

有的妈妈的反省总是在一瞬间，比如吼叫了孩子，忽然觉得"哎呀，这样不对"，马上就改掉，然后这事就过去了。但日后，再遇到自己控制不住的情况，该怎么吼叫还怎么吼叫，情况一点都没有好转。

这样的反省是没有意义的，反省一定要有足够的时间，古人之所以每日三省是有道理的，反省并不是一瞬间的后悔，而是要思考自身行为的根本原因，还要结合他人的行为、个性特点，这样才能得出更好的改进方案。所以，我们要以更郑重的态度去反省。

简单即幸福，试着去简化生活

一位年轻的妈妈讲了这样一件事：

"在阳台看风景时，3岁半的女儿站在小凳子上，我搂着她的肩膀，她抱着我的腰。几分钟的安静之后，女儿忽然把脸在我腰上蹭了蹭，然后笑着用柔软的声音说：'妈妈好温柔啊！就像天堂一样！'她的话音刚落，我觉得自己的心都化了。

"实际上，就在这天早上，我还因为她早起的哭闹吼过她，那时我的样子真是与温柔一点都不沾边。孩子的要求如此简单，让我不禁觉得，自己在某些时候，不管是心思还是行为，真是有些过分了。"

这位妈妈在述说这件事的时候，脸上不自觉地带着笑，温暖的笑意在眼睛里满满的。

其实孩子要的不多，我们的生活也没那么大的需求，越是简单地生活，越能轻松地去应对问题，不需要考虑得很复杂，不需要费尽心思。简单明了的生活中，我们和孩子都能感受到快乐。

现代生活节奏本身就是快速的，很多人为了生活疲于奔命，很多妈妈的生活也是如此。总结来看，妈妈的忙碌可以分为两部分。

第一部分，为了生活得更好而忙碌。

现在很多妈妈即便有了孩子，也不会选择成为全职妈妈，而是在产假过后，依然会回到工作岗位上继续工作。除了要实现自身存在的价值这种比较高尚的理由，很多妈妈选择投身忙碌的工作，还有"为了给孩子更好的生活"这样的理由。

一个简单的例子，先是为了有房子奋斗，为了能有一个安身的家，之后你可能还想要有更大的房子，为了更大的房子就要更加努力。而人的欲望是无止境的，甚至可能让你忘记最初自己到底是为了什么这么努力，而只是想要不停地追求更多。

成年人的确需要无止境的努力，但如果这样的奋斗，需要将家庭放置一边，全身心地投入工作之中，不得不说这并不是孩子想要看到的。

更有一部分妈妈，对美好的、幸福的生活有一种"别样"的理解，认为只有奢华的生活才能给人带来幸福，吃穿用度要足够高级才能感受到幸福，追求无止境，努力工作也就无止境了。

第二部分，从"为孩子好"的角度出发的忙碌。

很多妈妈为孩子准备了太多可吃的、可玩的、可用的，并在这些东西中寄托了很大的希望。比如吃，希望孩子吃了某样东西之后，就能变得聪明、能长高、能少生病；比如玩，哪怕是玩也要玩出花样来，希望孩子通过玩就能变得比别的孩子更灵活；而用的就更别提了，很多妈妈都"不舍得"委屈孩子，大量的图书、用具都堆在孩子面前，希望他能在这些外力的帮助下变得更优秀。

这样的忙碌很容易产生攀比的心理，妈妈自己就会有攀比心，看见别的孩子有了什么东西，如果自己孩子没有，或者自己的孩子所拥有的比别的孩子差，妈妈便会出现心理落差，进而就会去追求更高层次（更贵）的东西。

不管是哪一种忙碌，妈妈都要耗费大量的时间，劳心劳力必定会倍感疲惫，疲惫之下定然不会有什么好心情。于是有些妈妈也就有了这样一种心态：我这么忙碌，孩子就应该意识到我的辛苦，就应该对我有所回报。

如此一来，妈妈对孩子的要求会变得严格起来，容忍度也低了许多，孩子的一点问题都会被放大。妈妈的吼叫中往往又多会加上"我这么辛苦，还不是为了让你更好"或者是"我为了让你幸福而奔波，你怎么能不体谅我"这样的话。

当你追求得越多，你所希望的也就越多，同时你不可掌控的也会变多，问题自然也会增多，烦恼会慢慢超过快乐，还能从哪里感受到幸福呢？

你为了追逐更多的东西而付出了诸多努力，但你所追求的东西却不一定是孩子想要的。而相反的，所有遵从于情感而付出的爱，哪怕只是简单的微笑与拥抱，都能让人感受到幸福。

再看前面故事中的那个孩子，她只需要妈妈的拥抱，便觉得如在天堂；只需要一起看看简单的窗口风景，就感受到了幸福。这些都不需要我们费力去做，但幸福就已经悄悄来临。

你的忙碌，有很大一部分是自己给自己加重的负担，如果追求得不那么多，将名利看得淡一些，生活也就会更轻松一些。

不仅是将自己的名利看淡，也要将孩子的名利看淡。你不如就用看待普通孩子的眼光来看待自己的孩子，他健康、快乐，懂得爱自己也懂得爱别人，这就达到一个好孩子的标准了。不要奢求他成为怎样"厉害"的人，不要总用那些特殊的天才标准来要求孩子，这样你和孩子都会很轻松。

和孩子在一起，重要的是你的付出。你有没有足够的时间陪他做些什么？不管是看书、做事，还是单纯的玩耍，抛开其他所有的事情与想法，你要全身心地为了这件事付出。时间久了，你就会发现，孩子的笑容比以前多了许多，与你的关系也更加亲密，而你的内心也会变得轻松，幸福感也会随之提升。

学会与先生配合，你不应该是一个人在"战斗"

家庭生活劳心又费力，需要投入大量的人力物力、时间精力，物质上要付出，精神上也要付出，时间上更要付出，才能保证家庭生活正常开展。

在不同的家庭中，这项"工作"的开展情况各有不同。

有的妈妈将孩子完全当成自己一个人的，不管是生活还是教育，对待孩子她都必须要亲力亲为，决不允许他人插手。就算一时需要爸爸帮忙，她也一定保证自己站在一个指挥全局的位置上，时刻纠正对方身上她觉得不对的、不好的行为。一旦对方做得并不如她所愿，她会以训斥孩子的方式训斥对方。

有的妈妈则可能是家庭原因，导致她不得不自己一个人带孩子。这样的妈妈希望孩子能听自己的话、不会故意捣乱，自己的各种教育手段都能顺利实行下去。这样的妈妈对爸爸是有抱怨的，所以会更加不能容忍孩子出问题，一旦孩子不能令她满意，她对爸爸的怨恨便会叠加到孩子身上，就将自己的愤怒爆发出来。

还有的妈妈是很自我的人，不能很好地与爸爸沟通交流，妈妈的教育与爸爸的教育就像两条平行线，两人都出于对孩子好的心思去教育孩子，可是教育的方式方法不同导致孩子无所适从。

教育孩子从来都不是一个人的事，妈妈有妈妈的道理，爸爸也有爸爸的作用，哪一方都不能被忽略、被放弃。

所以教育孩子这项工作，最好是妈妈与爸爸分工合作，不仅各司其职，还要通力协作，互相配合，孩子才能享受到完整而理智的家庭教育。

认清一个事实真相：孩子属于家庭，而不是你个人。

十月怀胎，哺乳喂养，昼夜照顾……这些事几乎都是妈妈完成的，即便后期有爸爸的帮助，但母亲的天性也会让妈妈更愿意亲力亲为。这样的一种付出，使一些妈妈会自动将孩子划归为私有，哪怕面对的是孩子的爸爸，也不愿将养育孩子的事情与之共享。

新生命的诞生是一个家庭中的重大事件，他注定是属于这个家庭的，家中所有的长辈对他都有养育、教育的责任。

你不能把孩子据为己有，因为他并不是你的附属物。而作为孩子本身，他不单单需要妈妈的陪伴和照顾，大家庭中任何成员对他的教育和关心，都是他成长所不可或缺的动力和养分。

做妈妈的要允许爸爸参与教育，而不是拒绝与嫌弃。

在孩子尚未出生时，待产的妈妈会有更多的时间接触到育儿知识，而且妈妈也更愿意四处搜集育儿内容。等到孩子出生，天性再加上知识的储备，妈妈可能会在养育与教育孩子方面做得比爸爸更熟练一些。

有的妈妈将这一点当成自己比爸爸更强的理由，便对爸爸的教育百般挑剔，甚至出口指责，并最终拒绝。

诚然，跟妈妈相比，很多爸爸进入自身角色的时间可能的确会晚一些。就如一位爸爸所说："妻子怀孕都快要生了，我却依然没太有爸爸的感觉，甚至还想着'啊，我以后晚上是不是要去客厅睡，不然孩子哭闹，我第二天怎么上班啊'。"但是不能否认的是，父子天性也会慢慢出现的，父亲对孩子的教育会在不知不觉中就慢慢展开。

所以妈妈与其排斥、拒绝，倒不如允许爸爸参与到教育中来，将自己看过的那些育儿内容也介绍给爸爸，在爸爸做得好的时候给他鼓励，让爸爸也体会到育儿的快乐与成就感。这样不仅孩子会有更完整的被爱的感受，爸爸也会因为这种成就感而对育儿这件事更有动力和信心。

妈妈和爸爸应该相互配合，精诚合作，而非彼此降服。

两个人在一起，性格各有特点，理解能力各有不同，有差异是肯定的，所以在教育孩子方面才需要双方彼此协调配合。

从总体目标来看，我们都是想要让孩子受到良好教育的，也就是夫妻之间有一个"求同"的目标。但"求同"并不是真的要两人一模一样，我们也要尊重彼此之间的差异。

妈妈和爸爸之间要确认统一的教育方向，将自己的想法放在明面上说一说，让彼此知道自己到底是怎样看待对孩子的教育的，在此基础上来寻求一个基本一致的"教育理想"。

但是，我们要意识到，妈妈和爸爸因为性别、性格、思维方式等不同，在育儿的一些细节问题上肯定会有不同的看法，我们不要强迫爸爸在任何问题上都和我们保持意见一致，夫妻二人只需要教育理念相同就够了。

爸爸和妈妈是不同的角色，爸爸本就需要利用他男性的身份、思想、行动模式去影响孩子。可以说，我们对孩子的教育，恰恰就需要这种不同。

正是因为如此，我们才强调教育需要两人的配合，而非谁降服谁。强势的妈妈不要强迫爸爸必须按照自己说的做，爸爸也有他的方式去帮助教育孩子，妈妈要给爸爸足够的信心与支持，你们的配合才会越来越顺利。

爸爸对孩子的教育有着不可替代的作用，妈妈学会与爸爸配合，不仅教育效果会更好，自己也会相对轻松许多，心情也会因此变得更舒畅，吼叫当然就越来越少了。

第六章
洞悉孩子的心理——读懂孩子就会少很多吼叫

很多时候我们对着孩子吼叫，是站在自己的角度来发泄怒气，但实际上，我们彻底忽略了孩子的心理，无法洞悉他在想什么，便很容易得出错误的结论。如果能读懂孩子，理解孩子，就会让我们觉得孩子不再那么难以捉摸，吼叫自然会减少。

从孩子的问题行为看透他的心理

我们害怕孩子出问题，所以会千方百计地控制他，用规则、用道理、用训斥，当然也会用吼叫。但孩子还是会出现各种问题行为，很多妈妈对此难以忍耐，似乎反复说都不管用，孩子"屡教不改"，于是只能一吼再吼。

这样的情形在很多家庭中司空见惯，妈妈对此的解释便是"他就是这么不听话，吼他还记不住呢，不吼他更翻了天"。

那么，以下几个问题需要你思考回答：

你知道孩子为什么会那么做吗？

你询问过孩子的想法吗？

你有想要弄清楚孩子的意图吗？

你确定自己了解孩子吗？

你觉得问题出在了哪里？

你觉得你的吼叫解决问题了吗？

孩子出现了问题行为，其背后一定会有我们所不知道的心理因素。如果你不了解孩子的内心，你的判断永远都只是围绕自己的想法在打转。

妈妈嘱咐感冒的孩子把冲好的药喝掉，接着就继续去忙碌了。

但5分钟之后，妈妈回来发现孩子还没有喝掉药，便问他："你怎么还没喝药？"

孩子说："我想等会儿再喝。"

妈妈却忽然生气了，吼道："什么等会儿？你不赶紧喝药是要等着病再加重吗？不喝我就给你灌下去！"

孩子刚张嘴说："我就是……"

"就是什么就是！"妈妈抢了话吼道，"吃个药怎么这么费劲！还不如隔壁家小孩呢，人家从来不拖，让吃就吃，你看看你，都这么大了，一点儿不让人省心！"

孩子委屈极了，妈妈却继续吼："你还委屈？你生个病，累的是我，伺候你不说，还有一大堆事儿等着。要是有人这么照顾我，我都要高兴死了！"

终于，孩子好不容易逮到了一个机会，说道："妈妈，药太烫，我是说等一会儿药凉一凉再喝。"

"烫什么烫！"妈妈一把拿过杯子，自己尝了尝，果然有点烫，可她却说，"烫了你不会喊我给你兑凉水吗？不想喝就说不想喝，一个小孩儿怎么那么多心眼儿！"

妈妈看到的，是孩子没有立即喝药的行为，并认为这是不对的，不利于他的病情好转。但是从头到尾，妈妈却始终用自己的认知去揣测孩子

第六章　洞悉孩子的心理——读懂孩子就会少很多吼叫

"为什么不赶紧喝药"这件事，完全没想到要问清楚孩子"是什么原因让你现在不喝药"。哪怕最终知道了真相，也并不以自己恶劣的态度为愧，反而还是给自己找了个好理由，来证明自己的吼叫没有错，错全在孩子。

孩子的心理是什么？很简单，"药太烫了，凉一凉，等能入口了再喝"，这原本是没有问题的，但在不了解孩子具体情况的妈妈看来，这就成了"罪过"，也是她吼叫的源头。

如果妈妈能耐住性子，多问一句"为什么"，了解孩子行为背后的原因，这件简单得不能再简单的小事，一定不会发展到妈妈怒吼、孩子也不开心的程度上。

你看，生活中这样一件小事，都能因为你对孩子内心真实想法的忽略，而让你自己变得不可理喻，可想而知，如果你依旧不想去了解孩子的心理，日后众多事情纷至沓来，你对孩子的误会越来越多，随之而来的是吼叫不断，孩子的委屈便也不断，你的心注定和孩子越来越远。

当孩子出现了问题行为，或者与你自己的原则相违背的行为，先别急着怒火攻心，你可以这样做：

第一，了解原因远重于担心现在。

孩子的行为表现都折射出其背后的心理，这个时候最重要的是要弄清楚孩子为什么这样做，这样做他能得到什么、感受到什么，他想要达到什么目的，等等。了解这些内容，才能让你理顺孩子行为的轨迹。

你要相信，没有比孩子更诚实的人了。尤其是年龄小的孩子，看见什么便是什么，心里怎么想的就是什么，喜欢就是喜欢，不喜欢就是不喜欢，孩子可以很明白地向你表达他内心的意图。所以，你也要尊重孩子的这种诚实。

第二，要多联想自己的言行举止。

孩子的很多问题行为其根源可能就在我们这里，所以当孩子说出来自己的想法之时，你也可以开始回忆自己的言行，看看是不是你曾经的举动误导了孩子。听孩子表达心情的时刻，就是我们反思的时机。

第三，说出正确原则而非吼出来。

当然，孩子诚实归诚实，但并不意味着他所有的想法都是正确的，所以当他出现问题的时候，还是要及时将正确的做事原则或规则告诉他。

将正确的内容告知孩子，一定是好好地说出来，而不是吼出来。当你情绪平稳、认真地将正确的行为准则告诉孩子时，这对孩子是有震慑力的。因为人都有向善之心，孩子也想要把事情做好，当我们很认真、很负责任地告诉他做事的准则时，他是十分乐意接受的。

此时，如果你用吼叫来表达，孩子会认为你是在用气势压迫他，他的注意力会转向你的态度，而非你讲话的内容上，还有的孩子会因此出现逆反心理，这些都会让你的教育效果大打折扣。

第四，你要相信自己有个好孩子。

孩子有了问题行为，绝对不等同于他就是一个问题孩子。你对孩子的信任，是阻止他问题行为蔓延并最终导致他真的变成"问题孩子"的很重要的因素。

你相信自己有一个好孩子，就会从更积极的层面去看待他，会从想要帮他改进的方向去努力，而不只是单纯地想要通过讽刺训斥他来让自己"泄火"。

有的妈妈一吼叫起来就口不择言，孩子在她的口中变得一无是处，这时的伤害一旦形成，是很难被遗忘，很难被疗愈的。

孩子出问题是难免的，但千万不要设想最坏的结局！

只要你用心去体会孩子的心理情感，很多问题在你吼叫之前就能解决，你的吼叫哪里还有用武之地？或者说，你的心情又怎么可能会变差呢？

孩子一路成长一定会有各种各样的问题出现，这是他成长的必然，但当你了解孩子的心理之后，他的问题行为也就有了可突破的点。每当出现问题的时候,你要想到终于有一个点可以让你去突破了,而不是忽视你可以努力的方向只顾着去设想最坏的结局。

"心想事成"这个成语,其实说的也是有几分道理的,当你总想着一件事,时间久了,那件事没准儿就会变成现实。所以你应该在多了解孩子的基础上,把事情多往积极的方向去思考,在你正面的情绪影响下,孩子也会变得越来越积极努力。

2~3岁孩子:他喜欢说"不",别用吼叫跟他对着干

我们习惯于对两三岁的孩子吼叫,是因为自认为他什么都不懂,却还非要和我们"对着干"。难道"不是"吗?

妈妈觉得地铁空调很冷,便拿出薄外套要给3岁的孩子穿上。

孩子摇头说:"我不要。"

妈妈说:"必须要!冷,感冒了怎么办!"

孩子坚决地说:"我不穿,不冷。"

妈妈连说了几遍,孩子就是不要,妈妈火了,忽然吼道:"不要也得要!感冒了就去医院让大夫天天给你打针!"

孩子被妈妈强迫着穿上了衣服,但他的眼泪也没止住,哇的一声哭了出来。

就如这个孩子,妈妈认为地铁冷得能让人感冒,孩子却不接受这个关怀,真是不可理喻。而且,妈妈应该也有这样的感觉,自己内心总有"你一个小孩子还跟我对着干,看谁能干得过谁"的想法。此时,多半是你内心中的那个儿童也跑了出来,你和孩子便两不相让,互相对抗。

2~3岁的孩子刚好是开始意识到自我的时期,此时他最喜欢说"不",力图用反对的表达来证明自己是可以独立存在的。这时孩子会对"不"情有独钟,不管你提了什么样的建议、要求,他都可能用"不"来应对。

孩子虽然在用"不"来建立自己的独立意识，但是他终究还只是个孩子，没有太多的耐心，也并不容易为道理所讲通。以吼叫来应对他的"不"的后果，不是孩子因为屡次被拒绝而悲伤哭闹，就是我们自己因为孩子的这种不配合而持续崩溃。

由此可见，这时候妈妈用吼叫来跟他"对着干"，试图证明自己才是最有权威和能力的，这其实是完全没有意义的。

如何化解这一时期孩子的"不"呢？

第一，不强加控制，只给出选择。

你越是强调"你必须做""你应该做"，孩子越是会用"不"来抗拒。

但是把"你现在必须要穿衣服"的说法，换成"你是穿这个蓝色的上衣还是红色的上衣"，就能轻易解决这个问题。让孩子自己做选择，他的思维就会转换到目前的选择之上。

还可以把"马上收拾玩具，要吃饭了"，换成"你是要吃完饭再玩玩具，还是要我把这些玩具都锁进箱子里"，这样的选择很明显地提到了孩子更愿意接受的事情，他一定能选到你希望他选的那个答案。

也可以把"关上电视，马上出门"，换成"你是想回来之后再看动画片，还是带上你最喜欢的熊猫玩具在路上玩"，不管哪个选择，都是要关上电视出门的，孩子一样会跳出当前的状态，通过选择来继续进行下面的事情。

选择让孩子专注于行动，且因为有了你给的选择，孩子总会选到他自己能决定且你也满意的选项上。因为是自己的选择，孩子会更认真地对待。这里要注意的是，你要针对孩子的喜好、兴趣、特点给出选择，给他正确且直接的选择，让他一下子就能明白。

第二，不反复解释，只摆出事实。

妈妈："好了，今天玩到这里了，我们要从游乐场离开了。"

孩子:"不!我还要玩!"

妈妈:"好吧,你留下继续玩吧。但是我饿了,我也累了,我需要回家好好吃一顿好吃的,然后躺下来看一会儿电视,如果可能我还要喝一杯热牛奶。"

孩子:"不要!我也要回家吃饭、看动画片。"

妈妈:"那好吧,你可以跟我一起走了。"

孩子:"我要快点回家去。"

你看,问题解决了。孩子说"不"的时候,一半原因是他真的不想去做那件事,还有一半原因就是他此时成长的特性,拒绝代表独立。你不能用反对的方式来给他解释他的拒绝是不对的,如果你选择像这位妈妈一样,平静地表达接下来要发生的现实情况,且有智慧地将他的注意力转移开,他反而会顺从你的意愿。

绕开因拒绝而来的"思想碰撞",用孩子也可以理解的事实去引导他,他也能做出让你满意的判断和决定。当然这种事实要摆得合理,不要欺骗孩子,更不能吓唬他,你只是在用一个更合理且比当下更好的情况来给孩子引路。

第三,不反复嘱咐,只提点兴趣。

有的妈妈吩咐孩子一件事时,总喜欢反复强调,这反而更容易引发孩子的"不"。孩子其实都愿意自己去做点什么,所以有智慧地选取孩子感兴趣的点来吩咐事情,会降低他说"不"的概率。

比如,对拒绝刷牙的孩子,你反复强调"不刷牙不行""不刷牙会长虫",他一定拒绝,因为你说的全是令他讨厌的事情,这时候用激将法并不明智。但如果你说"今天我们来个比赛,你可以自己挤牙膏,然后看谁先挤好牙膏、先开始刷牙,最后看谁刷得干净谁就胜利,赢了就有小奖励",这结果很可能就不一样了。

因为"比赛""自己挤牙膏""可以赢",还有"奖励",尽管只是一件刷牙小事，但这些有趣的事情加在一起，孩子的兴趣就被调动起来了，你还愁他不刷牙吗？

两三岁正是孩子"自我意识"开始萌芽的时期，这是孩子成长路上的一个必经阶段，是他在为以后独立自主做出的准备，这是值得我们开心的一件事情。

所以，面对他的"不"，我们一定不要"如临大敌"，一定要有耐心，用理性和智慧去应对孩子的"小叛逆"。

你不吼叫，就能让智慧回归。

在孩子这个特殊的成长阶段里，究竟如何做才能既"保卫"了他的独特个性，又得以让我们的教育开展下去呢？这需要智慧的妈妈们好好学习，好好思考了。

3~6岁孩子：读懂他的小心思，给他心灵的陪伴

3~6岁是一个比较特殊的年龄段，是儿童心理社会性发展的关键时期，这时候的孩子智力发展迅速，语言能力有了显著提升，对自我的感知越发强烈，情绪发展逐渐展开。此时的孩子开始努力尝试各种事情，不管自己是不是可以做到。

这个年龄段孩子的大多数时间，可能是在幼儿园里度过的，所以相比较3岁之前能长期在妈妈身边生活，这时候的孩子会出现不同程度的分离焦虑。而随着他情绪的变化，他的各种小心思也会逐一显现出来。

对待这一时期的孩子，不要再认为他诸事不懂，妈妈要给他更多一些心灵上的接纳与陪伴。

我女儿有一天很高兴地告诉我："妈妈，我主动和老师打招呼了。"我说："那很好啊！是跟老师问早上好了吗？"她摇摇头："不是，我就冲老师笑了笑。"我问她："是因为害羞不敢和老师说话吗？"她点点

头。我说:"今天你主动打招呼了很棒,以后我们再好好和老师出声打招呼吧。"她愉快地答应了。

我的女儿也是不敢在外面主动讲话的那种孩子,以前我也着急,有时候也跟人家解释"她就是怕生",可后来我发现我越是如此解释,女儿越发表现得如我所言。后来我没再强硬地要求她去打招呼,而是努力做她的榜样。幼儿园里也有老师每日迎送,老师会和所有小朋友打招呼,我希望她在这样的环境中能慢慢受到良性影响。

就像这位妈妈做的,没有指责,没有抱怨,也没有挖苦,她接纳了孩子的情绪,让孩子主动讲出了她的内心感受。而妈妈则给予了她鼓励,并且没有盲目催促,也没因为这种状况而焦躁,她让孩子意识到害羞并不是错误的,同时她愿意将孩子置身于大环境之中,这些行为都是对孩子的理解与尊重。

孩子感觉自己的情绪、想法为人所接纳,他也就有了依靠。在一个相对安全的环境中,孩子才更愿意放开自己去尝试更多的事情。

这个年龄段的孩子对很多事都有了自己的理解,也会对事情的发展有自己的希望,只要给他机会,他可以很好地将自己的内心世界讲述给妈妈听,讲出他的感受,并且表达他自己的意见。

这时孩子的思想发展也会很迅速,情绪变化也会很大,他需要妈妈对他有一个心理认同,有的孩子会很直接地告诉妈妈"我已经是大宝宝了",这句话的言外之意就是他希望妈妈能更理智地看待他。

这是一个很大的进步,显然这个进步是需要获得成年人的认同的,因为孩子也会感觉到自己与之前的不一样,他会毫不保留地展示出来,希望能得到妈妈的理解,更希望获得妈妈的认可。

同时,这个年龄段的孩子会进入幼儿园这个新集体之中,他开始经历一周里有5天白天是见不到妈妈的情形,他在幼儿园会有更多学习的机会,也会认识更多的小朋友。而生活环境的变化,会让孩子的内心发生更大的变化，他经历的事情也会变得更多。

如果说原本在家时，孩子只需要处理至多两种人际关系——亲子关系、祖孙关系，那么到了幼儿园，他就必须要多加入另外的两种关系——师生关系、同学关系。

人际关系的改变，也是促使孩子内心思想改变的一大重要因素，他要处理的事情会变多，他需要交流的内容也会变多，这些都是导致孩子思想发生巨大变化的原因。

正是因为孩子处在这样的特殊时期，我们才更应该与孩子的内心相靠拢，要多了解孩子的情绪变化，多与他交流。多和他聊一聊幼儿园的事情，听他说说他的经历与感想，此时的他一定会有更多的喜怒哀乐要告诉妈妈，不要错过他的心思表达。

对于孩子表达出来的内容，我们要有分辨的能力。有一些是他真实的事实反馈以及情感反应，有一些可能又是他触景生情而来的"幻想"，还有一些可能就是他调皮的象征。我们要根据不同情境，分析他的表达与感想是否合理，要在尊重他的前提下，与他分享快乐，听他表达情绪，安慰他、鼓励他。

这个阶段也要与幼儿园老师做好沟通，从老师那里了解孩子的一些具体情况，也能帮助我们更客观地理解他的行为与思想。

6~12岁孩子：常见出格行为背后的心理

6~12岁，绝大多数孩子的身份是小学生，他的主要核心体验都将在学校里完成。这一时期孩子的发展主要表现在身体、认知和心理社会性等方面，同时他在语言、思维、行动、道德判断等方面都将出现明显的进步。

这一时间段的孩子会让我们越来越意识到，他真的成长为一个独立的个体了：他的知识越来越丰富，某方面可能比我们了解的还多；他的想法越来越新奇复杂，可能有我们所想不到的奇思妙想；他的行为也越来越令我们不能瞬间看透，除非你能了解他行为背后的心理。

小学生的身份让这一时期的孩子进入一个密集学习各种社会技能与文化知识的时期，学校的表现、同伴之间的关系、老师心目中的形象、周围人对自己的评价、父母对自己的认可信任，这些都能成为左右孩子心理的重要因素。

第一，学习表现。

当孩子走进校园，我们就开始关心他在学校里是不是有良好表现，尤其是学习成绩，几乎是这一阶段我们最在意的事情。所以这一阶段我们的吼叫绝大部分都与学校有关。

从孩子本身来讲，学校是一个全新的地方，他从接触到了解再到融入，需要过程，需要时间，更需要鼓励。而且每个孩子都是独特的，所以每个孩子的学习情况只有遵从自身特点才能有好的发展。

但是，孩子对学习的态度，很大程度上却来源于周围人，尤其是妈妈。有的妈妈就坚持"书山有路勤为径，学海无涯苦作舟"，所以从刚入学开始就给孩子施加压力；有的妈妈又对一些新理念过分信赖，"学习无用论"可能就会传染给孩子；还有的妈妈则是很没有定性，人云亦云，跟着别人走，对孩子的要求也就变得忽紧忽松。

所以如果孩子的学习出了问题，先看看我们自己对学习是不是有什么误解，是不是有什么或极端或懒散或错误的认知，先纠正自己再去纠正孩子才更有效。

最重要的是要了解孩子在学习上到底有什么问题，要带着解决问题的心思与他进行沟通，不要站在制高点上训斥指责，这个时候用关心的态度好好说话比什么都重要。孩子需要获得你的支持与关怀，这样他才不会因为自己的成绩问题而出现情绪问题。

第二，同伴关系。

走进校园的孩子将会建立比幼儿园友谊更有意义的同伴关系，这个时候的孩子拥有好朋友是很重要的。

但有很多妈妈此时又会插手这一关系的发展，担心他会与坏孩子结交，操心他周围的孩子有没有可能对他产生影响。更有的妈妈此时就开始担心孩子的异性交往问题，对孩子的朋友关系大加审视，并强势干扰，甚至不惜对孩子吼叫来试图震慑他，让他接受自己的交友安排。

实际上，交友这个问题并不是单方面的，彼此觉得不错会成为朋友，志同道合会成为好朋友，若是再进一步，情谊深厚的就会成为挚友。虽然孩子的判断能力并不成熟，但我们却要引导他变得成熟起来，而不是由我们替他决定与谁结友。

更何况，当我们培养自己的孩子善良、勤劳、坚强而又有原则时，孩子自己自然就会判断他所认识的、结交的人是否适合长期结交下去。

所以，与其担心，我们不如耐心地去倾听孩子对他交友状况的描述，在聊天中了解他的朋友都是怎样的人，可以给他一些建议，但不要粗暴干涉，尤其是不要吼叫着让他远离谁或者不许再与谁往来，否则这个即将接近青春期的孩子思想会发生剧烈的变化，会用叛逆的言行与我们对抗。

特别是当孩子已经结交了我们认为的"坏朋友"时，这时的孩子是敏感的，你要了解他为什么要与那个朋友结交，了解那个朋友是不是真的一无是处，因为很多别人口中的"坏孩子"并不是真的坏，而是有各种其他原因。

在交友这个问题上，妈妈要成为孩子可以依靠的大朋友，你要意识到孩子都是有想要结交好朋友的渴望的，有时候他与所谓的"坏朋友"结交可能是好奇，也可能是对方身上的优点吸引了他，也可能他是在故意引起你的注意，等等。

无论是哪种情况，只有了解孩子内心的想法，你才能给他的交友问题提供有效的建议。所以，多和孩子进行交友方面的沟通吧！

第三，能力发展。

综合素质的培养已经成为现在很多孩子发展的一个大方向，很多孩子可能从上幼儿园起就已经开始接受各种专业培训班的培训。到了小学，周围孩子参加了什么班，有了什么能力的发展，也将会成为我们所关注的内容。

并不是所有妈妈都能理智看待孩子能力的培养，毫不夸张地说，有的孩子一周七天除了上学，就是上各种课外班，根本没有一天休息的时间，但伴随着辛苦，孩子就会出现各种问题。比如，有故意逃课不去的，有听课偷懒耍滑的，为了逃避妈妈们的"围追堵截"，孩子们也是花样百出。

孩子的这些表现都会直接触碰妈妈们的"底线"，于是吼叫孩子"不懂得珍惜"或者"不理解妈妈的苦心"的声音便也连声而至。

这种时候，你就要思考，这些能力培养，真的是孩子自己想要的吗？你有没有问过孩子的意愿？你了解孩子内心想要的是什么吗？如果这些问题的答案都是否定的，那就意味着你并不了解孩子的心理。

另外，你用心去了解过孩子的天赋所在吗？一个人只有在做自己天赋所在的方面的事情时，才会全情投入、不知疲倦。妈妈们不了解孩子的天赋所在，要么跟风给孩子报班，要么为了不留遗憾"一把抓"，到头来把孩子搞得特别疲惫不说，妈妈也变得满腹牢骚。

所以，在选择孩子的课外班时一定要结合孩子的兴趣和爱好，这样的课外班才是对孩子真正有帮助的。

同时，6~12岁的小学生精力旺盛，学习能力也在稳步提高，但是自控能力并不成熟，所以正是需要妈妈认真帮助的时候。我们既要放手让他自己去努力学习，也要适当地予以纠正与引导；既要给他温情的支持与呵护，也要为他订立合适且严格的规则。

我们会发现，经历过这几年的小学阶段，我们对孩子的影响会逐渐下降，所以我们一定要慢慢放手，尊重并理解他的成长。而这种心理落差也是需要我们自己慢慢调整的，不要因为孩子的渐渐远离而出现心理失衡。

要做好心理调适，不要因为自己的心理问题而给孩子带来新的心理问题，你一定要以一个成熟的成年人的方式来解决自己的问题，让孩子能放心且快乐地成长。

孩子注定是要离开我们的，我们要让他们知道，我们既是他需要尊重、学习的长辈，也是他可以倾诉、依赖的亲人，我们永远是他最温馨的港湾。这就足够了。

跟上孩子心理成长的脚步

我们期待孩子的成长，但有时候我们却跟不上他的节奏，因为很多时候我们不是倒退，便是超前。

对待七八岁的孩子，有的妈妈却如对待三四岁的宝宝，不停地拥抱安抚，这显然并不是孩子所需要的。而反过来，对待三四岁的孩子，有的妈妈却像对待青少年一样，高标准严要求，人生道理一条条地讲，但孩子却听不懂，也不需要，这时他只想要一个抱抱。

如果把妈妈付出的爱比喻成一双鞋，孩子的心理需求就是追求自由的双脚。鞋子合脚，才意味着我们的付出与孩子的需求相对应，付出得合适，接受得也舒服。否则，不是我们付出太多让自己身心疲惫，就是孩子需求得不到满足而影响心理成长。

而这种不当的付出，还会导致我们对孩子产生误解，本来是我们自身没有跟上孩子心理成长的脚步，却误以为孩子是在捣乱，认为他"不识好歹""不听话""不懂体谅"，并因此引发怒火而吼叫。

如此来看，其实是我们自己没有跟上孩子的成长，才导致自己产生误解并发怒。

所以这样的误会是应该由我们自己来解除的，最好的办法就是要顺应孩子的自然发展规律，跟着他的心理一起成长。

就如前面提到的，每一个孩子都有独属于自己的成长时间线，所以不同的孩子就会有不同的表现。比如，同是3岁的孩子，有的孩子可能已经可以自己吃饭、穿衣、上厕所了，但有的孩子如果没有他人的帮助是完全做不到这些事情的。

对于做不到的孩子，很多妈妈的心理是两个极端，要么是觉得"他还小，还需要爱与帮助"，要么就是觉得"别人的孩子都会了，他还不会真是太笨了，必须要加强练习"。不管哪个极端都是错误的，我们要在符合孩子自身个性的基础上积极地教养他，由于每个孩子接受能力不同，对于教养的结果顺其自然就可以了。

尊重孩子的成长节奏，多将目光放在自己孩子身上，关注他的进步，不要总与周围的孩子相比较，而是要给予他足够的支持和鼓励。

当孩子会做之后，也要让他有行动的机会，让他自己去做。但也要认清一点，孩子不是机器，不是输入一遍程序就能完美地做出各种事了，他一定会出现反复、倒退的情况，也可能会忽然想出新的做事方法，那我们就要允许他出"状况"，最终要帮他实现独立，自己做事。

不过我们要保证一点，那就是要推动他进步，而不是让他停下来甚至是倒退。比如，有的妈妈看到孩子做不好，可能会一时心软帮忙，也可能会暂时就不让他做了。看似出于对孩子的爱护，但实际上孩子可能会因此认为这些事他不需要做，从而放弃这方面能力的发展。

养孩子就像做农活儿，不能揠苗助长，也不能压苗不让长。

孩子成长到某个阶段，就会出现心理变化，我们则要意识到他的心理变化，并顺应这种成长需求来调整自己的付出。

实际上在孩子每一个重要阶段，比如断乳、自理、入园、分床、入学等，他都有自己的期待，只不过是我们觉得"孩子会痛苦"，可实际上他可能更愿意尝试，或者说这是他不能错过的人生路上的"坎"。

所以我们应该更理智地去看待孩子的成长，不要妄自猜测他在一些重要阶段时的心理，尤其是看到孩子哭闹或者出现其他负面情绪的表现时，不要替孩子决定某件事的发展或他的行动，而是要好好感受孩子的心理。

对于可以表达自己感受的孩子，要好好听听他的想法。对于6岁以前的孩子，通过日常观察和简单对话了解他的想法与感受，弄清楚他到底想要什么、想做什么；而对6~12岁的孩子，这一阶段的孩子正处在"疯长期"，妈妈不能过多干涉，而是给他有原则的自由。

另外，我们也要多学习，在周围大环境下了解孩子的时代需求和心理需求，给孩子必要的陪伴，也给他更多接触外界的机会，让他的成长空间能更广阔一些。

还有一点我们一定要明白，对孩子的养育过程，其实就是允许他一点一点地从你的身边分离的过程，在这个过程中，要忍受"分离焦虑"的不一定是孩子，恰恰是我们自己。

负责任的幼儿园老师应该都会对新生家长这样说："家长们在送孩子进园之后，请放心离开，不要站在园门口不断张望，也不要中间时间总想办法看一看孩子怎么样了。否则孩子会受到家长情绪的感染，他们反而更加不愿意在幼儿园里待着。"

尽管老师如此说，但每到新生入园时间，幼儿园门口都会聚集很多家长，哪怕什么都看不见，也要多看几眼。也会在老师建立的微信群中不断地询问老师有没有照片、视频，就为多看孩子几眼。

你看，是不是你比孩子焦虑多了？当你焦躁地在幼儿园外面转悠的时候，孩子却很可能压根儿都没想起你来，因为他在接触更多的新书、新玩具、新朋友，他在努力试着融入一个新环境。

所以，很多时候需要面对"分离焦虑"的是我们，而非孩子。因此，要提醒妈妈们，做好心理准备，因为你需要看着孩子一点一点地离开你，去走他自己的人生路，你的心理也要跟着孩子的心理变化一起成长。孩子最终会长大成人，我们也需要得体退出。

少点说给孩子听，多点做给孩子看

你是个爱唠叨的妈妈吗？

在很多孩子心里，妈妈有一个最主要的属性，就是爱唠叨。妈妈只要看到问题，就会不停地说，有时候是一边干活儿一边说，有时候则是专门坐在孩子对面苦口婆心地说。

说，也算是一种教育行为，但很多妈妈在教育过程中却只采用了这一种行为，而忽略了要"言行合一"。也就是说，很多妈妈对孩子说得太多，可自己却做得太少。结果，孩子眼中的妈妈，成了一个演说家，只是说得热闹，若是真要让妈妈做些什么出来，妈妈可能还真就漏洞百出。

星期五的晚上，已经九点半了，早过了儿子要睡觉的时间，妈妈催促还在看电视的儿子说："赶紧去睡觉了，不然明天起不来了。"

儿子说："明天不上学啊。"

妈妈说："谁说明天不上学今天就能晚睡了？"

儿子说："之前不是你说的吗？你说'周末不上班，可以通宵看电影了'，我也想多看一会儿动画片。"

妈妈不高兴地说："你就记玩记得牢靠，你小孩和大人能一样吗？你就应该早睡早起。赶紧睡觉去！不睡觉就打屁股了！"

儿子不情愿地起身，嘴里嘟囔了一句："凭什么你们就可以看通宵，我多看一会儿就不行？不公平！"

对啊，凭什么呢？在很多事上，我们总是会有两套标准，一套用于约束他人，一套用于保护自己。我们经常一边说着孩子一边放松对自己的要求。

就像这位催促孩子赶紧睡觉的妈妈一样，自己可以通宵看电影，却要求孩子必须马上上床睡觉。妈妈试图用自己成年人的权威来让孩子信服，但最终孩子只是屈服于妈妈的"恐吓"和"威严"，他睡得一点也不心甘情愿，自然也体会不到妈妈让他早睡的良苦用心。

那么如何让孩子主动离开呢？很简单，你先做出来就好。试想一下，如果这位妈妈自己每个周末不会通宵看电影，按时睡觉，那么孩子也会学习妈妈的好习惯，并更乐于听从妈妈的要求。那么，一家人健康的作息习惯就养成了。

少费一些口舌，多做一些实际的改变，孩子会更愿意接受你的教育。

第一，检查自身的日常行为习惯。

很多妈妈都懂得，教育不止体现在言语中，我们对孩子的教育，其实早就在日常的生活中一点一点地渗透进孩子的心里了。

有一位妈妈向老师咨询，询问应该如何解决孩子打架的问题。原来这个孩子脾气很暴躁，周围有同学对他说话不好听，他就不能忍受，如果有人骂他，他当即就拳脚相加。妈妈希望老师能帮助自己改一改孩子的脾气。

可是，老师却询问："在你的家中，你和孩子的爸爸谁经常打孩子？"

妈妈一愣，然后说："我，他表现得不好我就会打他两巴掌，希望他能长记性。"

老师才说："孩子从你们那里学习待人处世，你们是如何对待他的，他就会如何对待他人。要改变孩子，先改变自己。"

孩子会有很多你不认可的行为，但如果追根究底的话，你就会发现那个行为的根源是在你身上。所以你想要教育孩子，那就一定要先反观自己的表现。

第二，要求孩子之前，先确定自己是否已经做到。

你要求孩子必须把自己的玩具收拾好，但是你却任凭衣服、书籍、零食在沙发上、茶几上乱堆乱放；你要求孩子必须把饭吃完，可每次你都在自己碗里剩菜剩饭；你要求孩子说话不能大喊大叫，但你却时不时就对孩子吼叫几声……

你做不到的事情，反而去要求孩子，这的确是非常不公平的，所以古人才讲"己所不欲，勿施于人"，即便是对待自己的孩子，你也要如此。

少说，多做，会让孩子意识到行动的意义，而且很多时候只要你做出来了，哪怕你一个字都不说，孩子也能意识到你的行为对他是一种提醒和引导。我们要相信"潜移默化"的力量，并注意好好利用"潜移默化"的力量，比起吼叫和言语教育来，这是一个既省力又直接有效的教育方法。

第三，说也要说得有意义。

少说不意味着一句话都不说，我们都知道教育讲究"言传身教"，所以言传也还是有用的，只不过你说的话一定要简短、有力道、有意义，也就是所谓的言简意赅、一语中的。

说话一定要说到位，说到位之后没必要总是去重复同样的话。对孩子更没必要长篇大论，面对越小的孩子，你的言语越应该简单明了，太复杂的话他理解不了；而面对大的孩子，他们有了自己的独立思维，也会希望妈妈能少说几句。

不管面对哪个年龄段的孩子，充满爱的鼓励和信任的言语，会更容易拉近你和孩子的距离，更加利于他们成长。戒吼叫，无论在孩子的哪个年龄段，都是我们的必修课。

正面教育——不吼不叫，与孩子正向沟通

有这样一个家庭教育现场：

孩子对妈妈说:"妈妈,我喜欢和林姐姐玩,不喜欢和崔姐姐玩。"

妈妈问:"为什么不喜欢和崔姐姐玩呢?不是应该和大家都做好朋友吗?"

孩子说:"我就是不喜欢啊。"

这是一个很普通的场景,但是不知道你有没有注意到,也许你也和这个妈妈一样,会习惯性地注意孩子说的那个"不喜欢"。他很清楚地告诉我们,他喜欢什么、不喜欢什么,但我们却单单选择询问那个负面的"不喜欢",而且还用"和大家都做好朋友"来试图说服他,不喜欢某个人是不对的。

从心理学角度来看,人们总是对负面的事情有更深刻的印象,这便是"负面偏好"。

其实不仅是对听到的事情选择负面的,说话的内容我们也多采用负面表达。

比如,孩子端着一杯水,我们一定会说"别洒了",但往往话音刚落,孩子手里的水就洒了。

这就是因为我们采用了负面表达,孩子在接收语言内容时,对否定词之后的那个行为场景往往印象更为深刻。这种负面场景在他脑子里蔓延开来,很容易就会受潜意识的控制而影响他接下来的行为。

而且,负面表达因为是用否定词开头的,"不要做""不能那样""不行"……这样的否定式本身就会让孩子产生一种抗拒心理,同时也会激起他的好奇心。这便是我们通常遇到的,"越是不让做什么,孩子越做什么"。显然这会很容易激发我们的怒气,引发我们的吼叫。

懂得了这个道理,我们就要调整自己的说话方式,多采取正面沟通,用正向的语言来引导孩子。

首先,意识到哪些语言属于正面语言。

具体来说,正面语言就是那些让孩子一听就知道应该怎么做的内容,

第六章 洞悉孩子的心理——读懂孩子就会少很多吼叫

而负面语言就是总在给孩子的行为加"禁令""枷锁""限制"。

正面语言	负面语言
看清楚脚底下的路，慢慢走	不许乱跑，别踩石头
把碗里的饭菜吃干净	不许剩饭，浪费可耻
好好打招呼，你是个懂礼貌的孩子	不礼貌的孩子没人喜欢
认真写作业，之后就能出去玩了	写不完作业你哪儿也去不了
收起你桌子上的书	你的书不想要了吗

对比一下，就算是从成年人的角度来感受，都会觉得正面语言更让人感觉舒服吧？孩子的感觉会更明显。

其次，意识到负面语言对孩子的影响。

正如前面提到的，负面偏好会让我们不自觉地就选择负面的语言表达。而且，有的妈妈也并不觉得这样说话有什么不好，更有的妈妈认为，负面的语言更有冲击力与威慑力。

但是，负面语言带给孩子的感觉却并不那么好。负面本身就是一种否定，否定孩子现在正在做的事情，否定他的努力，这会让他有些不知所措。而且负面语言只是禁止了孩子当下的行为，却没有给他接下来的指示，就像给他按了一个暂停键，接下来应该怎么做他并不知晓，孩子会变得很迷茫，可能接下来做的还是错的，这便成了一个不断否定的循环。

尽管正面语言的习惯不好养成，但我们也要多加努力，要给孩子明确的引导与指示，让他更清楚自己应该怎么走、怎么做。

最后，用正面语言来引导孩子。

在生活中，如果我们总是偏向于负面的表达方式，孩子也会逐渐更习惯于负面表达。长期接受负面语言内容的孩子，会让他习惯性地有悲观倾向，遇事总是会想到最坏的内容，总是满满担忧与惧怕，这并不利于他的情商发展。

而相反的，正面语言会让孩子意识到自己当下应该做什么，而经历过之后他又会积累新的经验，尤其是这种亲身体验，会让他有很大的满足感，这显然会促使孩子不断向前看。

在这种积极乐观的家庭氛围中成长起来的孩子，都会具备积极乐观的思维模式，遇事敢于前进，不会因为各种"禁令"而畏首畏尾，甚至在面临逆境时，他也能勇往直前、越挫越勇，抗挫折能力也比较强。

由此可见，正面语言的引导对孩子的成长是有非常大的影响的，懂得了这个道理，从今天开始，我们就要慎重对待我们每天说出去的每一句话了！

祝福我们的孩子都可以生活在积极正向的环境中，打造积极进取的自我！

第七章
学会情绪管理——做自己情绪的主人

吼叫来源于爆发的负面情绪,但并不是所有人都会因为负面情绪而情绪失控,这是因为有的人可以很好地管理并化解自己的负面情绪。所以,学会控制管理自己的情绪,成为自己情绪的主人,而不是被情绪轻易左右,是我们要成为好妈妈的第一步。

教育最大的死敌,就是妈妈的坏脾气

先来认真思考一下这些问题:

你经常会处在焦躁、愤怒之中吗?

你是那种很容易就被点起火来的人吗?

你是不是一丁点儿不如自己心意,便会怒吼不已?

你是不是总能看到孩子身上的问题?

你对待孩子问题的第一反应是不是发怒?

你是不是觉得发脾气是震慑孩子的好方法?

以上这些问题,如果你的答案都是肯定的,那基本就可以肯定你在情绪控制上需要继续"修炼"了。我们先来看看,坏脾气会给我们的生活带

来哪些负面影响：

第一，坏脾气会让我们的生活环境变得压抑。

你爆发了脾气，整个大脑都充斥着愤怒的感觉，此时的你不会允许周围有什么快乐的声音出现，不愿意这些与你当下情绪不相合的因素存在，你在身边营造了一个压抑的环境。

而此时也同样笼罩在这个环境中的孩子，会受到这种坏情绪的传染，一些不好的事情可能就会在他的头脑中被调动起来，他的情绪便也随之变得低落。

第二，坏脾气会夸大原有的事实。

3岁的孩子只是不小心打翻了水杯，坏脾气的妈妈却觉得孩子会因此变成多动症。

7岁的孩子只是作业做得不算好，坏脾气的妈妈却认为孩子将来一定会一事无成。

12岁的孩子只是和同学闹了小矛盾，坏脾气的妈妈却给孩子打上了没人缘的标签。

……

原本都是一些只要及时解决就完全没问题的事情，在正爆发坏脾气的妈妈眼中，就全都变成了了不得的大事。这都是我们夸大了事实的结果。

第三，坏脾气会导致口无遮拦。

平静状态下，我们说话会经过思考，会找寻比较委婉的方式来表达自己的意图。但坏脾气一旦上来，说话就变成了一种口无遮拦的行为，那些难听的、伤人的、带有极大冲击性的话语，就如泼水一般倾泻而出。

伤害就是在此时发生的，一些青春期的孩子出现"情绪暴躁"现象的背后，往往伴随着妈妈长时间的语言刺激。他们经受了许多妈妈语言上的"暴力伤害"之后，最终忍无可忍，选择做一些过激的事情来和妈妈对抗。

第四，经常情绪失控会阻碍人正常的思维。

情绪失控对人思维的引导是极其负面的，爆发坏情绪时，我们的头脑往往是不可控的，想到的也是一些负面的话语，做出的也是一些偏激的行为。比如很多孩子之所以被打骂，就是因为坏脾气导致妈妈想不到其他的好方法，能让自己最快速地排解心中的怒气。

教育从来都不是靠盛怒之下的吼叫来解决的，因为很多吼叫的内容只是在不断地将孩子的问题摆出来：要么翻旧账，埋怨孩子不思进取；要么就进行直接的打击，将孩子批驳得一无是处。显然这些内容都不能令孩子感受到教育的意义，他只接收到了一阵语言的暴风雨，忍受了一次心灵的强烈刺激，陷入一种无助与悲伤之中，还有一部分孩子也因为被否定而陷入另一种暴怒之中。

由此可见，你的坏脾气只能让你自身变成一个暴怒的"野兽"，没有理性的判断，没有值得人信服的言语，在这时你所开展的教育，已经不能称之为教育，说得残酷点，而只能叫"施虐"了。这种对心灵的伤害，对任何人都是难以忍受的，更别说是孩子。

唯有情绪平和，才能看得见问题，说得出道理，拿得出温情，理得出智慧。

教育更需要如此。

很多妈妈会在吼叫之后表现出悔意来，并对自己的教育不起作用而感到忧愁甚至是悲伤。这其实是一个好现象，意味着你有想要改过的心。

你要成为一个懂教育的妈妈，不只要学习先进的教育理念，不只要摸索适合孩子的教育方法，你首先要确定自己能不能做一个平和的妈妈。你需要好好认识自己的脾气，从本节开头的那些问题中寻找自己情绪的爆发点，然后试着学习平复自己的情绪。

回忆一下你与孩子之间的相处，相信你会发现你和颜悦色的样子，才是孩子最喜欢看到的样子；你平静地表达自己的意图，孩子多半都能听进去。

所以先不要将所有精力都集中在怎么应对孩子的问题之上，先修炼好自己，让我们试着摆脱"坏脾气妈妈"这个形象，做一个平心静气的、让孩子心服口服的好妈妈吧！

妈妈爱发脾气，孩子很难性格平和

一位妈妈有这样一段经历：

孩子3岁时，有一天不明原因哭闹，姥姥哄了几次发现不见效，就有些急躁了。姥姥吓唬着吼了一句："你再哭，我就把你扔门外面去。"

妈妈当时还觉得，姥姥竟然用这种方式吓唬孩子，实在太不应该了。

没过多久，姥姥离开了，妈妈开始独自带孩子。但有一天，妈妈也经历了孩子的哭闹，妈妈百般计策都用上了，可孩子的哭闹就是没有停止。妈妈最终忍不住也吼道："你再哭，我就把你丢出去。"

等妈妈平静之后，忽然发现自己说了和孩子姥姥说的一样的话。

又过了一段时间，孩子跟妈妈说想吃棒棒糖，妈妈拒绝了。孩子百般请求，妈妈依然没同意，失望又有些生气的孩子忽然对着妈妈嚷了一句："你不让我吃，我就把你扔出去。"

妈妈愣了一下，随即哭笑不得。

从姥姥到妈妈再到孩子，三代人，却说出了同样的话。姥姥的教育习惯已经养成了，她意图用"恐吓"的方式来吓住孩子，让他听话；妈妈在无计可施的情况下，头脑中不自觉地回忆起自己的母亲曾经用过的"方法"，希望母亲的方法能在这里起到作用；孩子则完全是在模仿，因为他自己没做好时，不管是姥姥还是妈妈都用"丢你出去"的说法，所以这次他感觉妈妈没做到他想要的，便也照葫芦画瓢，试试这种"丢你出去"的方式能不能奏效。

不要觉得孩子的模仿是多么有趣的事情，这样一个家庭三代的缩影其实是在给我们敲一个警钟——如果作为长辈的你爱发脾气，以吼叫来表达情绪，用愤怒来处理问题，那么你的孩子也很难成为一个性格平和的人。他日后对某些事情的处理，可能就将是你处理问题的方式的翻版，甚至是"进阶版"，也就是变本加厉版。

孩子之所以会变成这样，其原因有这样几点：

第一，妈妈若是坏脾气频发，如前所说，家中就是一个压抑的环境，孩子长期处在这样一种环境中，就会错误地认为这样的环境才是正常的。那么他在日后会无意识地也"创造"或"追求"这样一种环境，或者说只有处在这样的环境中他才感到正常。

第二，妈妈是孩子学习的第一任老师，妈妈怎么说话、怎么做事、怎么与他人交流、怎么对待问题，当然也包括怎么吼叫，这些都会进入孩子的眼睛、头脑之中。在孩子看来，妈妈能做的事情，应该都是正确的，所以他也会不自觉地跟着模仿。

第三，妈妈暴怒的状态给孩子带来了视觉和心理上的冲击，孩子经常陷入一种恐惧之中，胆小的心理让他变得压抑、敏感。这样的性格并不容易接纳外界的刺激，可能一丁点儿不合他心意的事情，都能点燃他坏情绪的"引信"。

我们都希望孩子能成长为一个好性格的人，但是我们却忽略了自己对他的影响。其实很多妈妈都是自私的，一方面自己可以随意发怒，随意吼叫，另一方面却希望自己的孩子一定要成为一个善良的、性格好的、爱笑的、积极乐观的人。除了一些极个别的特殊情况，要一个暴脾气的妈妈培养一个性格平和的孩子，这几乎是不可能的。

不要低估妈妈对孩子的影响，你的言行举动，都将成为左右孩子未来的一个小小的"推动杠杆"。

一年级新生入校一个月后，某小学的一位班主任老师在一次新生家长会上说："根据孩子的表现，再透过在座的每一位家长的表情、样子，我就能基本将孩子与家长对应上。"

他为何这样自信呢？难道说这位班主任老师有特异功能吗？当然不是，因为他深知，孩子就是妈妈的缩影，经常吼叫的妈妈，自然也会有一个经常与人起冲突的孩子。

比如，通过班里一个脾气暴躁的孩子，他可以推断，这个孩子的妈妈和爸爸一定也很难控制自己的情绪。再对应孩子父母的面部表情和对人说话的语气，谁是谁家的父母，基本就猜个八九不离十了。

有的妈妈可能会说，孩子怎么不学好呢？我发脾气，他就非得跟我学发脾气吗？

幼年时期是孩子建立是非观念的关键时期，人们经常说，"妈妈是孩子的第一任老师"。在孩子看来，"和妈妈一样"是很让他安心的一件事。他不是"非得"向你学发脾气，而是他被你所感染，吸收你做事的特质，然后整合成他独有的待人接物的方式。

然而，很多爱发脾气的妈妈却也是爱面子的妈妈，孩子一旦在外面表现出了不平和的特质，妈妈会觉得很丢脸，回家之后，可能又会用一通吼叫来训斥孩子，用自己的坏脾气来压制孩子的坏性格。

这真的是雪上加霜、火上浇油的做法，孩子在外表现出来的不平和的性格，理应是给我们提了一个醒，我们应该意识到"孩子这么暴躁，一定是我哪里出了问题"，而那种"以暴制暴"的方式只会让孩子感觉迷茫，进而感觉愤怒。

一些大孩子可能就会开始和妈妈顶撞，如果这时候你还没有意识到这是你的问题，那就不要怪孩子一怒之下说出"你不也是这样做的"这样的话了。

正人定先正己，自先沉稳，而后爱人。

孩子的很多问题，其根源并不都在他身上。如果他脾气暴躁，不要先怀疑他是不是跟什么坏孩子学坏了，还是先看看妈妈自己是不是能够自控的人，还是一个情绪比较容易激动的人。多问问自己为什么，答案可能自然而然就出来了。

坏脾气上来，如何消解？

对于有些妈妈来说，脾气就好像活火山，有时休眠，有时喷发。而她的坏脾气，真的就如喷出来的火山岩浆一般，灼热滚烫，让人难以招架，恨不能退避三舍。

有人会问了，这样的坏脾气，怎么消解呢？没见过哪座火山能把自己的岩浆憋回去的。还有人会说，坏脾气若是憋回去，那不是对自己也有伤害吗？为什么要忍呢？假如都这样理解，那这个世界一定充满了火药味，任何小小的理由都可能引发"战火"。

有人说，"宽容"与"忍耐"是这个世界上的奢侈品。如果每一个人都为了家庭、孩子和自身去学习如何控制情绪，我们的家庭必定会是个温馨安宁的港湾。

我们先来看看平和的妈妈和暴躁的妈妈，分别会给孩子带来怎样的影响：

妈妈脾气好→孩子会感觉愉悦，感觉到被爱，对世界有很强的信任感

妈妈脾气坏→孩子会感觉压抑，感觉不被接纳，对世界认知出现扭曲

既然坏脾气的妈妈带给孩子这么多负面的影响，那么，我们如何做才能平复那即将"喷涌而出"的坏情绪呢？

第一，尝试深呼吸。

不得不说，深呼吸的确是忍住坏脾气最简单的一种方法。深吸一口气，尽量慢地从1数到10，将气呼出去，然后再深吸，重复这个过程。反复几次，你被愤怒情绪冲昏的头脑，多少都能得到一个暂时的平静。这是因为深呼吸会让你吸进更多的氧气，让你的神经系统舒缓下来，你就可以

有更多时间去思考。

第二，暂时远离现场。

明知面前是麻烦，还非要凑上去，让自己感受麻烦带来的烦躁，这无疑是一种自虐行为。除非特殊情况，否则没有什么问题是必须要让你三秒内解决的，所以当孩子出了问题，如果不是危及生命安全等重要事件，你完全没必要当下就对着孩子大吼，选择暂时远离他，与他隔离开，也许对你平静内心能起到作用。

当我们不直接面对孩子时，可能怒火就没有那么强烈。而且远离也会让孩子有时间思考，他也会因为你此时的态度而变得更安静。这种状态有助于双方接下来的沟通。

第三，懂得综合考虑。

3岁的孩子摔碎了碗，可能因为他的手部协调能力有待发展；但12岁的孩子摔碎了碗，你就要考虑他是不是有些心不在焉，是不是不够认真，或者有什么其他原因。

不同年龄段的孩子，其能力是完全不同的，当孩子出了问题，你要综合他的年龄、能力、想法考虑，寻找原因，看是不是值得你暴怒。

同时你也要意识到，孩子是在不断成长的，不能因为他这一次犯了错误就判定他做什么都不行。你要仔细研究孩子成长发育的过程，了解他的能力发展状况，这样你也就不会对孩子有错误的估计，更不会有无端的猜测了。

第四，要多向好处想。

很多事情远没有你想的那么糟糕，孩子的问题也是如此，他并不是专门来给你找麻烦的，他对你的爱比你想的可要深厚得多，所以不要总把他看成是你的"冤家"。

妈妈下班回家后发现女儿并没有在房间里写作业，而是在厨房里关着门忙碌。妈妈推开厨房门，就看见一地菜叶，灶台上各种调料摆了一堆。

女儿被妈妈开门的声音吓了一跳,手里一个小碟子掉进了洗碗池。

妈妈深吸了一口气,问道:"你在干什么?"

女儿小声回答:"今天……我想给爸爸妈妈做顿饭,不过我好像太笨了。"

如果妈妈没忍住,这个可爱的孩子一定会被训斥,"你看你把厨房弄得这么乱,不好好写作业来捣什么乱。"

很多时候我们总是人为地把孩子想得那么不让人满意,凭着自己的判断就给他贴标签,可如果你忍住了脾气,多问一问,就会发现自己有一个多么可爱的孩子了。

第五,回忆一下童年。

把你的孩子看成是缩小版的你,代入你自己的童年,也许你就能体会到他的感受,也能对他所做的事情有所理解了。孩子所经历的、所承受的都是有意义的,你小时候也都经历过、承受过,你也要体谅孩子的感受。对比孩子,你也可以多努力回想一下自己的过去,你能将心比心,就能跳出成年人高高在上的思维,有些脾气也就能忍住了。

第六,认清自身脾气。

你对自己的情绪要有一个认识,不要将"我脾气不好"当成你发脾气的理直气壮的理由,恰恰相反,你要将这一点当成限制发火的警报。你要意识到自己的坏情绪在哪些情况下容易爆发,那么在那些情况即将到来时,就给自己多提个醒。

学会控制情绪是很多人的功课,而以上提到的这些方法也并不是万能的,只能算是给你学习控制自己的情绪提供一些建议,你要针对自己的特点学习控制自己的情绪。我们能控制自己的情绪了,孩子就会得到稳定的成长空间,从这一点看,我们的付出再辛苦也是值得的。

温柔有力量，愤怒留遗憾

怎样表现算是有力量？

一定有人说，那些强硬的、彪悍的、威武的、壮硕的表现才算是有力量。这些回答的确没错，但并不完全对，或者说没有用对正确的环境。

单就妈妈对待孩子来说，以上这些表现可不算是有力量，孩子并不喜欢有一个总是以强势态度对待自己的妈妈，相反的，他们更喜欢温柔的妈妈。而对于妈妈来说，温柔恰恰是我们最大、最核心的力量。

女儿吃饭并不老实，总是会站在凳子上，双手扶着桌子，然后身体左右扭动，有一次她扭动得太厉害，从凳子上掉了下去，她哭，妈妈反而训她："让你好好坐着你不听，这就是不听话的结果，摔了怨谁？还不是你自找的！再这样你就不要吃饭了，自己出去罚站！"不仅如此，妈妈并没有伸手拉她，而是让她自己站起来，后来也没有过多的安抚，只是让她必须坐好吃饭。

后来又一次，女儿忘记了妈妈的嘱咐，依然站在凳子上来回扭动，这一次倒没摔下去，而是直接按翻了菜碗，菜洒到了桌子上、凳子上和她的衣服上。妈妈没说话，只是看了女儿一眼，女儿却小声地先开了口："妈妈，你是不是不要我了？"

妈妈一愣，忽然想起来上次的事，原来女儿一直记着妈妈当时的态度。妈妈这回有火也发不出来了，无奈地一笑说："妈妈永远不会不要你，只不过你总这样不好好坐着，下次再摔了、烫了，会疼啊。饭菜扣了，你也吃不饱啊。去拿纸，自己好好擦擦吧，烫着没有？吃饱没有？"

女儿连忙摇头，一边帮着妈妈拿纸擦桌子和凳子上的菜汤，一边大声说："妈妈，我记住了，我下次好好坐着，好好吃饭才是好宝宝。"

当妈妈愤怒地吼叫时，话语里全是指责与恐吓，而且爆发坏脾气也让妈妈失去了安抚孩子的心思。孩子对被吼叫的记忆非常深刻，所以她才会有可怕的联想，生怕妈妈丢她出去、不再要她。但第二次当妈妈温柔相待，孩子又怎样了呢？孩子感受到了妈妈对自己的关怀，她得以安心，于是开始好好思考自己的问题，也能意识到自己怎样做才能让妈妈放心与开心，所以这一次她自己主动保证，以后吃饭要好好坐着，做个好宝宝。

仅仅只是态度的转换，妈妈便得到孩子两种截然不同的回应。所以对于妈妈来说，不要太"钟情"于愤怒带给自己的一瞬间的"快感"，温柔才是最能"直击"孩子内心的力量。

这一点在对待大孩子的时候更是明显，孩子越是长大他的思维越走向成熟，很多事情他也能前瞻后顾，也会有自己的想法。你更加不能只顾着发泄自己的愤怒，因为你此时的看法只是成年人的想法，你对他的不理解与强硬态度，会直接激怒他，也会让他觉得与你没有共同语言，从而更加不想与你交流，对你全是反抗的心。这也是很多妈妈觉得孩子越大与自己越是不亲的原因之一，所以这时一个温柔且理智的妈妈才是孩子最坚强的依靠。

温柔是如何彰显其力量的呢？

概括来说应该就是这样一个等式关系：

温柔（冷静＋关怀＋理智＋爱）＝力量

温柔要包含很多东西，这些有分量的内容，综合在一起才能显现出力量。

你要稳住气场，不要总是动不动就直接跳脚，否则你这种一点就着的脾气，也会让孩子意识到你的不稳重。同时孩子也会观察，当他发现你来来去去也就只会怒吼，而且吼叫的内容除了发泄情绪外再没有什么其他的帮助和建议，他就会越发不重视你。

这也是为什么很多妈妈抱怨："我家孩子说什么都是左耳朵进右耳朵出，真拿他没办法。"当孩子整日面对的都是没有价值和营养的抱怨和怒气，他又不能直接反抗你，除了在心里"关闭"自己的耳朵，还能有什么办法呢?

在遇事保持冷静的同时,你也要适时表达关心,关心是温柔的主要体现,要让孩子知道,即便他出了问题、犯了错误,但你依然关心他、爱护他,不会让他感觉难堪,也不会将他推出门。你要让他感觉到你这里是他可以随时停靠的温暖港湾,不管他遇到了困难还是挫折,他都可以来寻求你的帮助。而不是只能战战兢兢地与你相处,还要提防一不留神踩了你的"雷"。如果孩子与我们相处时表现出了紧张和疏离感,我们就要反省我们的教养方式了,是不是对孩子太过严苛而关心太少。

此外,你还要条理清晰地表达自己的看法和观点。温柔不只是微笑着安抚,怎样才能体现出力量来才是最重要的,你能条理清晰且冷静地将自己的观点表达出来,让孩子能理解你的立场和期望,这也是孩子成长过程中的力量来源。

你可以帮他分析问题,为他指出缺点,给他一些建议,对于有思想的大孩子来说,你也可以给他一些点拨,引导他自己去思考。你的温柔应该体现在点出问题而不排斥他有独立的思想,给出建议而不代替他去做事上。

现在,你对温柔的妈妈这个角色有了更丰满的认识了吗?不要忘记妈妈这个身份,在一个家庭中,妈妈应该是温柔又可以被依靠的代名词,一个既温柔又有力量的妈妈,一定可以养育出独立、健康、出色的孩子!

建立情感联结,从愤怒到平静

孩子从沙发上站起来,想要把手里的棉花糖给妈妈吃,但他忘记了自己把没有拧紧盖子的水杯放在了身边,沙发是有弹性的,他站起身,杯子倒了,水洒了出来,沙发湿了一大片。

孩子赶紧抬头看妈妈,然后立刻不停地说道:"妈妈,对不起。对不起，妈妈。"

妈妈到底给孩子留下了怎样的印象，才能让他在一做错事之后就立刻向妈妈道歉？但是他真的知道自己错在哪里了吗？不，他这样做的唯一目的，就是要安抚妈妈，怕她生气。

在这个孩子心里，已经将自己的所有错误都当成了惹怒妈妈的原因，所以他不管做错了什么都要第一时间向妈妈道歉，而不是去认识自己的错误。

原本孩子犯错之后，接受妈妈的指点，他就可以改错，但这条路在这个家庭里却变得不合理了。孩子因为妈妈的吼叫，内心发生了变化，导致自身对错误产生了错觉。

看似孩子承认错误了，实际上他只是被吓怕了，而其内心其实并没有意识到自己的问题。只要妈妈不对他吼叫训斥，他就会觉得这件事过去了。下一次，他一定还会出问题，然后他还会继续道歉，用道歉的方式来弥补自己犯下的"过错"。在这个过程中，孩子除了学会了"道歉"，实际上并没有成长。

导致这种情况的根源，其实还是妈妈自己，错误的管教方式才让孩子有了这样错误的发展模式。实际上孩子犯错的时候，他也是难过的、彷徨的、沮丧的，他也并不想得到这样的结果，此时他最需要的是来自妈妈的情感支撑，特别对于小孩子来说，他更加渴望得到妈妈的安慰和理解。

我们回顾本节开头的那个故事会发现，这个孩子的内心和妈妈的内心存在一种"虚假"的联结。妈妈由于缺乏对孩子的了解，而误认为只要是道歉了就是好孩子。其实她并不了解孩子内心的真实想法，他只是在安抚妈妈而已，以避免让自己遭受到惩罚。

这位妈妈这样做，并没有让孩子得到成长，反而误导了孩子。孩子的成长就在他犯下的错误里，而每次犯错之后，他只要道歉就可以免受责罚，长大后很有可能会对妈妈的引导变得没有耐心。因为小时候的经验告诉他，道歉了，事情就结束了，至于妈妈的教导，都是无用而多余的一部分，是可以被省略的。

面对这种情况，妈妈应该怎样去做呢？首先我们要做的，就是建立起与孩子的情感联结。

情感联结会让孩子的理智回归

做错事的孩子，其内心都会有沮丧、难过、羞愧、愤怒等心理，并且有很强的自尊心，如果此时直接指责他，那显然是在他原本就不愉快的心理上再加大压力，他也并不愿意听从我们的说教。

这时的孩子其实最渴望能得到妈妈的陪伴与关怀，如果我们能与他建立起情感联结，接纳他的情感，理解他的感受，就能平复他内心的"压力风暴"。

妈妈对孩子的关怀，会让他意识到"妈妈只是不喜欢我的这个行为，而并不是不喜欢我"，他只需要确定妈妈还是爱他的，他的理智就会回归，内心也会恢复平静，从而能接受妈妈的教育。

情感联结可以整合构建孩子的大脑

从神经科学方面来看，情感联结使得人的上脑与下脑之间的连接神经纤维得以加固，上脑便可以更有效地沟通下脑并压制下脑的原始冲动，这样前额叶皮质便也得以有了良好发育。而前额叶皮质这个关键区域可以帮助孩子进行自我约束，让他平复情绪、集中注意力、控制冲动，并能帮助他与他人实现共情。

显然情感联结会帮助孩子改变大脑的整合纤维，使他能远离冲动，做出更明智的选择，并建立成功和谐的人际关系，这些都无疑是孩子融入世界的重要基础。

情感联结能够建立更和谐紧密的亲子关系

孩子最希望得到的就是妈妈的爱，孩子最喜欢的就是妈妈对他表达情感的时刻。他非常乐意享受妈妈温暖的拥抱，也喜欢妈妈温柔地和他说话，连同妈妈充满慈爱的教导都那么有吸引力。尤其是在他犯了错，自我感觉很差的时候，妈妈的情感联结，会让孩子感觉自己与妈妈是一体的。

妈妈愿意聆听、支持孩子，愿意理解孩子的感受，这对孩子非常重要，尤其是在孩子处于困境中时，妈妈的这种情感支持会让彼此的亲子关系变得更加和谐紧密。

孩子打开了冰箱，想要拿饮料喝，在厨房忙碌的妈妈制止了孩子的举动。而孩子很快又被电视节目吸引了，转而跑去看电视，冰箱门忘记了关，一直开到妈妈从厨房出来。

妈妈原本是想要发火训斥孩子的，她一开始想到的是"冰箱门一直开这么长时间，得多浪费电"，但她深呼吸几次冷静下来之后，还是决定换一个方式。

她问孩子："想喝饮料？"

孩子点头，妈妈继续说："甜甜的、凉凉的，好喝是吗？"

孩子继续点头："对啊对啊，妈妈我真的想喝。"

妈妈见孩子的注意力被吸引过来，便又和他聊起了哪种饮料好喝。

然后，妈妈才说："只有冰箱门关好，饮料才可能变得凉丝丝啊！"

孩子顺从地点了点头，妈妈接着又告诉他关于节省用电的好处，孩子都乖乖接受了。

虽然我们并不支持孩子从冰箱拿饮料喝的行为，因为饮料不利于孩子的身体健康，尤其冰镇饮料更是如此。我们单从这位妈妈处理问题的方式来看，她还是很有自控力的，在情绪即将爆发的时候选择了"冷处理"，并在冷静中找到了和孩子沟通的智慧。

你看，如果你训斥孩子，他不一定记得住，可是当你试图从孩子的角度去理解他，就和他建立了情感联结，此时我们再去说什么，他都是可以理解并能照办的。

回到文章开头的故事中，如果那位妈妈能在孩子犯错误的时候换个角度和孩子沟通，真正从帮助孩子成长的角度出发，用温和的方式来引导孩子，孩子也就不会那么害怕犯错误了。

我们越自控，就会越有智慧，越有智慧，就越可以和孩子建立良好的联结，同时，也就越能让孩子感受到：即便他犯了错，也能从我们这里获得无条件的爱，并得到正确的指引。

我们所做的努力，会让我们和孩子之间的联结程度越来越高，彼此之间的接纳程度也会越来越高。这种和家人之间高度的联结和接纳，会让他很有安全感，他会变得无所畏惧，自信又阳光。这便是接纳和爱的力量。

减压——学着给心灵放个假

作为妈妈，每天似乎有非常多的事情需要我们去处理。单就对待孩子方面，我们就要操心他成长的每一个细节，既要为他出现的每一个变化而思考，也要为他出现的种种问题而担忧。从孩子吃喝拉撒睡，到他学习交友，从他身心健康到情绪发展，我们要求自己做到面面俱到，不敢遗漏每一个环节。

我们的愿望是好的，但往往事与愿违，因为我们除了是妈妈之外，还有其他重要的角色需要"扮演"，每一个角色都需要我们付出心血去经营。尤其是对职业女性来说，工作的压力让我们感到非常疲惫，等到下班回家和孩子见面时，我们的精力已经严重不足了，已经处于"待充电"状态了。

面对这样一个压力不断叠加的生活状态，很多妈妈忙得根本找不到休息的时间，焦虑的情绪时刻蔓延在自己周围。这种情况下在看待孩子的时候，眼中也就全剩下了问题、缺点、错误了，似乎哪儿都不顺眼。面对问题，除了用吼叫，仿佛就没有别的方式去表达对孩子的关心。

忙碌已经成了现代很多人的"标签"，随着忙碌而来的是焦虑的情绪。正是这种情绪，让我们的生活失去了快乐的滋味，我们做任何事都在

第七章 学会情绪管理——做自己情绪的主人

追求速效，对孩子的教育也在追求速效，心中盼望着自己说出去的话孩子立马就可以听，如果不听，就视为对自己的挑衅。

为什么妈妈们有这么偏激的念头呢？这是因为我们的精力被生活琐事耗费得太多，等轮到孩子这边，已经所剩无几了。此时，我们盼望着自己说出去的话立即能被孩子执行，这是我们能想到的最省力的方法，但是，现实是，我们和孩子之前并没有建立那么多的默契，我们之间也没有那么多的信任和理解。

试想，当我们面对一个不信任自己，而且不理解自己的人时，会是什么感受？对他说的话可以做到立即行动并没有迟疑吗？而这个人偏偏一副不愿意跟你浪费太多时间的表情，说出来的话和我们心里想的南辕北辙，也没有什么建设性的意见，语气里全都是指责和情绪。

可能答案是否定的，在这种状况下，我们无法保证自己会完全听话。那孩子呢？他虽然年龄小，但是也有自己的思想和感受，我相信他和我们的选择是一样的。面对焦虑的妈妈，他要么选择逃避，要么直接点儿会选择对抗，总之不会听话就是了。

妈妈的情绪对孩子的影响太大了，我们与孩子的心是彼此相连的。而相比较于思想各方面不那么成熟的孩子来说，已经是成年人的妈妈，在这关系中起到了重要的作用。

那么如何化解我们的压力？如何合理分配我们的精力呢？

从自身角度出发，找到最重要的事情。

如前所述，忙碌的状态是每个人都摆脱不了的，而精力也是有限的。与其讨论如何用有限的精力去做更多的事，还不如先来研究，分清哪件事是目前来说最重要的事，找到它，把足够的精力留给它，这才是最聪明的选择。

小区里两位妈妈在聊天，其中一位羡慕地对另一位说："我太羡慕你了，每次看你带孩子都是轻轻松松的，说话从来也不着急，不像我，像个没头苍蝇一样，整天忙来忙去也没个头绪。你一定不需要工作吧？"

另一位妈妈莞尔一笑："不是啊，我的工作也很忙，只不过我把工作和生活分得很清，自从有了孩子之后，我也经历了一段焦头烂额的时光。最后，我下定决心改变现状，工作再忙也要留出陪孩子的时间，而且回家后就不再想工作的事了，全心全意陪孩子。我发现这样我反而对孩子更有耐心了。"

问话的妈妈恍然大悟，心想：原来工作繁忙并不代表没有精力带孩子，只不过人家能做到合理分配罢了，真应该向人家好好学习啊！

确实，工作繁忙家事多，并不是焦虑的借口，只要我们认识到了陪伴孩子的重要性，认识到妈妈的不缺席对孩子成长的必要性，就自然可以把这部分精力提前"预留出来"，而不是将有限的精力无限度地耗散。

事实是，当我们预留出这部分精力和孩子好好地交流互动，美好和谐的亲子关系又可以为我们重新"充电"。所以，为了孩子的健康成长，我们结合自己的情况，提前"预留"一部分精力出来吧！用饱满的精神、充满期待的眼光去和孩子互动吧，这是给孩子最好的礼物！

不对自己和孩子有过高的预期。

只是意识到陪伴孩子这件事很重要还是不够的。如果我们忙碌了一天之后，回家看到脏乱的客厅都堆满了孩子的书，放学这么久了他竟然还磨磨蹭蹭没写作业时，内心还能不能保持"镇定"？

我们往往会把生活设想成理想的状态，但现实总是给我们打击。我们不仅对自己非常苛刻，要求自己面面俱到且最好不出错，对孩子也有很高的要求。尤其是当我们决定放下繁忙的工作，想要陪孩子的时候，却发现孩子并不那么配合，我们的沮丧情绪往往会涌现。

我们心中可能会想："你看楼上那家人，那才叫模范家庭。女主人漂亮得体，男主人事业有成，孩子也有出息，人家干什么都不费力，命怎么这么好，真是羡慕不来！"

事实上，别家女主人光鲜亮丽，别家孩子得体大方、一丝不苟，除了他们辛苦付出的背后，他们在家庭里也一定有自己的问题，他们也有自己需要完成的功课。

也许哪天你和楼上女主人聊天的时候，她还会羡慕你们家家庭氛围好，一家人总是说说笑笑，孩子健康阳光又快乐呢！

所以，不用羡慕别人家的完美，更不要对自己和孩子要求太高，这样只会让我们感觉更沮丧。我们只要结合我们的实际，一点点去努力，也会达到自己的目标。

培养自我情绪感知能力，察觉孩子的情绪

人人都喜欢善解人意的人，孩子也是一样，孩子特别喜欢善解人意的妈妈，但显然并不是所有的妈妈都能满足孩子的这个希望。

妈妈一进家，发现9岁的儿子没有做作业，而是懒懒地坐在沙发上。

妈妈便问："作业写完了吗？"

儿子摇头，妈妈一皱眉："那你愣着干吗呢？你又犯什么错了？"

儿子也开始皱眉，只回应："没有。"

妈妈有些不高兴了："那你这是干什么？谁欠你的了？你不好好写作业坐这儿干什么？"

儿子不太高兴了，想说什么又没说出来，站起来就想走。

妈妈彻底生气了，吼道："你这是什么态度？我问你话你又不好好说，说走就走？这么没礼貌。你说你学习也不行，这会儿连礼貌都没了？我累一天回来还得看你的脸色？"

儿子心里烦躁极了，站在那里坐也不是走也不是，还要听妈妈不停地训斥唠叨。一时间家里的气氛降到了冰点。

从这段母子对话我们可以看到这样几个问题：妈妈在开头只关注了孩

子的学习，上来就问作业的事情；没问出结果之后，从负面角度妄自猜测，直接给孩子打上了不好的标签；忽略了孩子的情绪变化，只表达自己的不满；将自己的负面情绪也归结到孩子身上。

你对这个场景熟悉吗？和孩子交流的时候是不是也这样做过？

很多妈妈并不在乎孩子的情绪，对于孩子表现出来的所有让妈妈不满意的行为，都一律归结为错误。但孩子也是有情绪的，他越长大，经历的事情就会越多，情感也会越丰富。与此同时，他控制情绪的能力还不足，他也会有想不通的时候，所以情绪一旦上来，不会那么容易化解。

这个时候的孩子非常需要妈妈从情感上给予支持与帮助，而妈妈则需要具备对孩子情绪的感知能力，及时察觉他情绪的变化，并采用合适的方法帮助他摆脱不良情绪。

注意观察孩子的异常表现

其实孩子的很多情绪都是外露的，只要仔细观察，就能发现他情绪的变化，比如笑容少了，对喜欢做的事情不感兴趣了，总是找碴，等等。小孩子就会容易哭闹，大孩子则动不动就发脾气，不愿意多说或者对着什么东西自言自语……

要做一个细心的妈妈，这些变化都是孩子情绪异常的苗头，发现得及时，你就能尽快了解孩子的情绪变化，并给予及时的帮助。

以询问代替猜测

很多妈妈总是喜欢猜测，而且对自己的判断还很自信。但是对于小孩子来说，由于他并不懂得如何表达自己的感受，这种猜测会扰乱他对自己的感觉判断；而对于大孩子来说，错误的猜测会让他更烦躁，他会觉得妈妈不理解他，并因此更加不愿意与妈妈沟通。

你倒不如选择询问，从"妈妈看你不开心，你怎么了"开始问起，引导孩子主动将自己的情绪说出来、把自己经历了什么讲出来，这样你才能准确判断孩子到底怎么了。

从好的方面来想孩子

看到孩子情绪不好,有相当一部分妈妈就会认为孩子犯错了、出问题了,可是孩子也会有被误解、被欺负的时候,也会有感觉伤心、愤怒的时刻。

妈妈要给予孩子爱,而不是处处猜忌。不管他遇到了什么,你首先要给予他支持与关怀,即便真的是孩子出了错,他当时也会拥有不好的感觉,如果得到了妈妈的理解,他就能放心地将自己的问题和感受说出来。

不要不理会孩子的情绪

有些妈妈不是不知道孩子有了情绪,但就是没什么反应,只是专注地表达自己的感受。孩子并不喜欢这样冷酷的妈妈,你只有察觉了孩子的情绪,并对他的情绪有所反应,他才会感受到自己是被人理解和挂念的,才不会产生被忽略的感觉。

即便你知道孩子可能做错了事情,但你也是最不应该对他不闻不问的人。你应该时刻和他站在一起,了解他的经历,理解他的情绪,并帮他想办法,给他提建议。

站在孩子的角度

其实要做到对孩子情绪的察觉,有一个非常简单的方法,那就是将自己放在孩子的位置,以他的视角去看待问题,以他的思维去感受事件。

有些妈妈不理解孩子情绪的变化,就是因为只用成年人的视角来看问题,这样是没法理解孩子的小世界的。比如孩子不开心今天同桌没和他说话,成年人会觉得不过是小孩子闹别扭,但小孩子却会想到"我们之间是不是出了什么问题"。

只有站在孩子的角度,你才能理解孩子的感受。你可以想想自己小的时候,如果遇到同样的事情是怎样的感觉,这样你就能体会孩子的情绪了。

教会孩子做自己情绪的CEO

没人喜欢坏情绪，成年人情绪不好，还能有很多种方法来摆脱坏情绪，但是孩子就不行了。对于孩子来说，坏情绪是令他感到恐惧的东西，他不知道自己为什么感觉不到快乐了，不知道自己为什么会想要哭、想要闹，他无法理解，也不会处理，所以孩子的情绪很容易爆发。

很多家庭中会出现暴脾气的孩子，其原因有两点：

其一，孩子自己不能掌控情绪。

做不到某件事、不喜欢某样东西、没有得到妈妈的关注、不能立刻实现自己的愿望……这些事情都能让他的负面情绪爆发，他自己不知道如何处理，便只能任由脾气暴涨。

其二，妈妈没有教孩子控制情绪。

妈妈没有教孩子正确表达情绪与化解坏情绪的方法，只是对他的坏情绪进行压制，不断提醒他"你这样是不对的"。孩子的坏情绪没有消失，在压制下会不断反弹，或者在日后积压不住的时刻突然爆发出来。

如果这样的状态不改变，家中很容易变成母亲与孩子的两个人负面情绪的"战场"，这样的情况并不是我们愿意看到的，所以我们需要教孩子成为自己情绪的CEO。

从情绪的本身入手，要告诉孩子情绪到底是什么。

你要告诉孩子，遇到事情出现情绪，这是正常的。消极情绪的存在是正常现象，并不是他自己出了什么问题。不要急着让孩子立刻压制情绪，可以允许他发泄自己的情绪，并让他的情绪存在一段时间，让他慢慢地感受。

不过你要告诉他一些合理的发泄情绪的方法，原则是不要伤害自己、其他人和事物。你可以鼓励他倾诉，允许他撕纸或者捶一捶沙发、抱枕，也可以建议他听一听自己喜欢的歌、看一场好看的电影、去户外走走或做一做有氧运动，等等。

同时，你也要告诉孩子，坏情绪并不会永远持续下去，是可以消除掉的。你要给孩子希望，让他知道他所经历的情绪问题并不是不能解决的事情，这样孩子才能安心和你学习管理情绪的方法。

从情绪产生的源头入手，和孩子一起多关注生活中的美好事物，增加积极情绪。

美好的事物更容易给人带来幸福感，所以多关注美好事物，会让人更容易也更多地产生积极情绪。

我们可以和孩子一起多看看美丽的事物，给他讲快乐的故事，和他一起欣赏色彩明快的图画；可以给孩子准备一个漂亮的本子，鼓励他或画或写地记录他感觉快乐的事情；也可以经常给他拍一些快乐时刻的照片、视频，让他有空就拿出来看看，进行快乐的回忆。

从情绪导致的结果入手，让孩子看到他的行为所产生的后果，让他对自己的行为负责。

有的妈妈会和孩子说"你这样做，我很不高兴"，或者明确告诉孩子"我不喜欢你的行为"，然后让孩子根据妈妈的感觉去进行纠正。

其实这并不是好方法，因为如此一来孩子就会更关注妈妈的情绪，而不是他自己的情绪。就如前面提到的一个孩子，自己做错了事便不断地对妈妈道歉，孩子这样的表现其实就意味着他感觉自己应该对妈妈的情绪负责，这会让他忘记自己为什么要遵守规则，这种不必要的自责与内疚并不能帮助他缓解自己的情绪。

那么，应该怎么做呢？孩子每次出问题之后，我们应该带领他做这样的总结：

自我行为→事件后果→内心感受→总结→对自我负责

这就是在让孩子真正从内心好好看待自己。妈妈可以帮助他一起分析情绪问题，在这期间妈妈可以表达自己的看法，但也要尊重孩子的情绪表现，也就是我们要将自己从孩子闹情绪这件事中分离出去，不要让孩子以我们的感觉为判断标准，最终让他养成主动为自己的情绪负责的好习惯。

从传递管理情绪的智慧入手，我们一定要保持从容镇定。

孩子闹情绪的时候，我们也很容易陷入负面情绪之中，而一旦我们也进入了吼叫状态，肯定没办法教孩子应对他的情绪了。

所以我们要先保持从容镇定，不去否认、抱怨、贬低、怀疑他的感受，我们只有对他的情绪保持尊重，才能更好地引导他学习管理自己的情绪。

同时，我们也要将孩子的情绪与自己的情绪区分开来，不要将自己的情绪爆发都归结于孩子，多想想自己怎样改进。

在教孩子学会掌控自己的情绪之前，我们要先掌控自己的情绪，认同自己的不完美，反思自己哪里做得不好。同时，也要意识到孩子的不完美。这样我们才能心境平和，才能理智地教育孩子。

第八章
远离吼叫——这样跟孩子沟通最有效

吼叫的妈妈几乎不可能与孩子产生有效沟通，妈妈的注意力都在如何释放自己的怒气之上，口无遮拦，尽情发泄；孩子的注意力则全在妈妈愤怒的模样上，丑陋至极，可怕至极。吼叫之下的沟通，没有任何意义，只会对双方造成伤害。所以若想要与孩子进行有效沟通，就一定要远离吼叫。

告别尖酸与刻薄，不要低估任何一句话的影响

《荀子·荣辱》中说："与人善言，暖于布帛；伤人以言，深于矛戟。"语言也是伤人的利刃，那些尖酸刻薄的话语，只是让说者感到一时的痛快，却会对听者带来难以估量的影响。

一位已经做了妈妈的女士有这样一段成长经历：

小时候妈妈一直要求我什么都做到最好，但我确定自己其实并不是能力很强的人，小学时没问题，初中勉强够格，到了高中就已经算是应付了。但妈妈觉得这都是我自己不努力，所以每次我成绩不好的时候，她都会对我爆发怒吼。

到现在我还记得妈妈吼叫的内容："你怎么这么没出息，人家都能做

到怎么你就做不到？你还是欠揍，揍一顿什么成绩都上去了。妈妈这么辛苦，给人当牛做马，就为了让你有好成绩，你学得这么差对得起我吗？我看你将来也就是一个要饭的命，等以后人家都上去了，没人理你这样的，人家就会说你什么都不行，谁都看不起你，看你到时候怎么办！"

我忘不了她瞪着眼、尖着嘴、指着鼻子吼我时的样子，尽管那时候我已经比她高了，可她说出来的这些话，让我觉得自己就是一个没用的人。重点是，这样的话不止说了一次，而是每次都这样说。

原本我还是什么都愿意尝试的，我现在都没法相信我小学的时候居然会和同学在全班面前给大家说相声。但后来我什么都不敢了，我总觉得周围人会发现我还是什么都不行，我变得胆小，变得不敢迈步，不愿意接触陌生人，我总感觉一旦与他们接触，他们就会发现我不好，然后嘲笑我。

以前我表现好的时候，妈妈也会夸我，说我"这么聪明，做什么都没问题"，但她的这些说辞与她在我"失败"时吼叫的内容完全相反。我会感觉很矛盾，我到底是行还是不行呢？所以现在的我有时候很自恋，觉得自己没问题，有时候又觉得自己很卑微，缩得谁都不认识才好。

而随着越来越长大，后一种感觉正逐渐占据主导，我现在越来越胆小，什么都不敢去尝试，守着一份平凡的工作，不敢去改变。还有就是，我一直怕自己会变成乞丐，就连做梦都怕。

现在我也有了女儿，有时候我也会不自觉地"继承"妈妈的吼叫，去吼叫女儿。但是过后我都会后悔，我不想我的女儿也和我一样，变得矛盾，变得不自信，我希望我能学会不吼叫，学会用平和的目光去看待她，我希望她能看得到自己的好，也能意识得到自己的平凡，我不会对她高要求，只想她能快乐生活，感受我小时候所没有感受过的被人信任的、鼓励的感觉。

这样的一段肺腑之言，想必这位妈妈不会去和自己的妈妈说，因为妈妈在她小时候不断的吼叫，已经让她在自己的大脑中刻印下了不好的标签，她觉得自己就是胆小的。直到她成年了，有了自己的孩子，依然是矛盾的，她确信自己是无能的。

妈妈当初对她说的那些话，让她不自觉地改变了自己的人生发展轨迹。小时候敢在全班同学面前说相声的勇气与灵感，已经被那些吼叫全都磨灭了。

试想，如果她一直能得到妈妈的鼓励，从来没有被这些尖酸刻薄的话语影响，她是不是会一直如小学时那般勇敢与充满灵气？

妈妈具有很多能帮助孩子"改变"未来的能力，尖酸刻薄的吼叫就是其中一种，它对一个孩子的内心伤害之深，从上面那位成年女士的"自白"中就可以清晰地看到。

妈妈恶劣的话语磨灭了孩子的灵气与勇气，将孩子推入不自信、怯懦的深渊。

很多妈妈对自己的这种暴躁吼叫会有这样的解释："我被他气坏了，要不怎么会说出那样的话来。他要是不气我，我怎么可能那么不理智？"

这样说有失偏颇，孩子成长过程中不可能没有问题出现，而你的吼叫，是源于自己的不理智，源于自己对现状无法掌控后的恐惧，不要将责任都推到孩子身上，要改变这个现状，应该努力的是你。

从前面这位女士的讲话内容我们应该有所感悟，不要忽略任何一句话对孩子造成的影响。很多时候，我们选择沉默要比口不择言明智许多，你永远不知道自己说过的哪一句话，是导致孩子未来发生巨大转变的重要原因。

哪怕对孩子的表现不满意，也要控制住自己，如果你说不出来更委婉的话，选择沉默一会儿也要比用尖酸刻薄的语言去伤害他更能让他接受。

所以你要做的就是两点：

第一，不吼叫。

第二，不说尖酸刻薄的话。

很多人误认为话越尖锐对孩子越有警示效果，事实证明，很少有孩子能从妈妈情绪化的暴怒狂吼中汲取到成长的力量。

理智、平和的话语才能让孩子信服，孩子才会更乐于接纳。学习怎样在平静状态下让孩子接受教育，这才是妈妈应该掌握的智慧。

不指责，说事实；不埋怨，说方法

说话是一门艺术，所说的内容要丰富充实，才能让听者有所收获。而很多妈妈对孩子的吼叫，内容十分贫乏，除了声音大一点"占优势"，此外真的没有什么作用。

孩子考了个并不能令妈妈满意的成绩，妈妈问他："你之前不是说你考得差不多吗？这成绩还叫差不多？"

孩子回答："我也想考好的……"

妈妈生气地吼道："你说你这么聪明，多看几遍书，多背书，多做题，早起背，晚上练，我才不信你考不好呢！每天我连电视都不看，就为了让你好好学习。我付出那么多，又给你报班又给你买书，你瞅瞅你考的那成绩！气死我了！我要是你，早就考高分了！"

看妈妈越说越急，孩子连忙说："下次，下次我保证能考好。"

妈妈使劲哼了一声："又是下次，你还有几个下次？上次你也这么说的。"

孩子赶紧表决心："妈，妈，我这次说真的，下次肯定考好。"

妈妈叹了口气，然后才说："吃完饭赶紧看书学习，这会儿不抓紧，以后就更难了。等你考不上好学校，哭你都没地方！"

孩子连忙点头答应，但同时又轻舒了一口气——这一次，终于又熬过去了。

孩子成绩不好，其原因大多都应该是没听懂、没学会、缺乏练习、大

第八章 远离吼叫——这样跟孩子沟通最有效

脑紧张、不够认真等,但这位妈妈对孩子的吼叫指责,却丝毫没有提及这些内容。她关注的重点并不在孩子成绩不好的根本原因上,而是自以为"孩子很聪明,他就是偷懒了",并且强调着自己"付出了很多",更拿出"要是我,早就高分"的说辞来试图刺激孩子。

从头至尾,妈妈都在发泄情绪,她所说的内容全是在抱怨。而孩子则在承受妈妈的负面情绪,并不断地哄妈妈开心,可以看得出来,孩子是在敷衍妈妈,妈妈也只是从孩子的不断保证中寻求一种暂时的心理安慰,就算是后来的嘱咐,也是毫无针对性的,并没有什么实际的意义。

妈妈没有搞清楚事实,也没有询问过缘由,就轻易给出结论。孩子也因此错误地认为自己本身就是聪明的,只是不够勤奋而已,从而错失了寻找成绩不好的真正原因的机会。

孩子最终舒了一口气,可见这样的情况在家中已经司空见惯了,孩子只希望能用服软和哄劝让自己不会继续被骂。一次又一次地熬过去,其实是孩子在不断地重复之前的错误,这对于孩子未来的学习显然是没有任何帮助的。

不知道你有没有注意到,很多情况之下的吼叫,就和这个妈妈的一番话一样,可能并没有说出多少有用的东西,你所吼叫出来的大部分内容,充满了指责、抱怨、厌恶、不信任,再严重一些的,就如前一节所提到的,话语中满是尖酸刻薄之意,甚至是对孩子人格的侮辱。

这些内容除了帮你发泄情绪,没有一点用处,更毫无教育意义可言。既然是无用之事,你还要继续下去吗?

当然不行了!作为妈妈,你应该对孩子开展有针对性的、有实质性内容的教育,你所说出来的话,一定要讲得出事实、说得出方法,这样孩子才会从你的话中受益。

第一,真实叙述孩子所做的事情。

弟弟在家里和姐姐拌嘴,妈妈听见了。

妈妈甲对弟弟说："你这样说姐姐，可真是不好听。"

妈妈乙对弟弟说："别那样和姐姐说话！"

在这样一个小场景中，妈妈甲所做的就是在叙述事实，而妈妈乙就是在指责孩子。妈妈甲这样的开头，会让孩子有机会解释他为什么要这样说，解释他们之间到底发生了什么，妈妈可以很顺利地从对话中找到解决的方法；但妈妈乙的话却会让孩子感到被否定，孩子会产生不服气的心理，"为什么不能说，她都这样说我了"，你可以想象他多半都会这样来回应妈妈，然后就是无休止的指责与不断的自我辩驳，原本孩子彼此之间的小矛盾，逐渐变成了母子之间的大矛盾。

所以你只需要将自己所看到的简单描述出来就好了，孩子自然会明白我们说了什么，而也正因为我们是简单直接的叙述，不带有任何指责与抱怨，孩子也会对我们少一些防备，更不会有不服气的情绪。

第二，有智慧地跟孩子讨论他的表现。

经历了前面的简单叙述这一步，孩子会开始和我们对话，我们就可以和他讨论他的行为。你要做一个倾听者，让孩子将他做了什么、为什么这样做慢慢讲出来。

这个过程中，你可以表达你的感觉，但要注意你评价的只是孩子这一次的行为，并不是他整个人。比如，你可以说"我不太喜欢你说的那句话"，但一定不要说"你那样说话，大家都很讨厌你"，前者只针对一句话，但后者却是在攻击孩子整个人了，所以你要注意自己的表达方式。

第三，要告诉孩子怎样做是正确的。

之所以对孩子叙述事实、与他讨论行为，是因为我们要帮助他想办法修正他这一次的错误行为，所以你的言语内容中要包括有意义的方法。

对于小孩子来说，你可以直接告诉他"讲话有礼貌是正确的"；对于大孩子来说，你也可以引导他自己思考："你觉得怎样说话别人听起来更舒服呢？"

教育要有始有终，孩子既要知道他不能像刚才那样做，也要知道应该怎样做才是正确的，这些内容他都可以从妈妈和自己的交谈中得到。

第四，既要就事论事，也要适可而止。

很多妈妈总喜欢"新仇旧账一起算"，哪怕是对三四岁的孩子，也要从他一岁时所犯的错误开始说起。还有的妈妈喜欢反复强调，孩子犯了一个错误，三天都不一定过得去，妈妈会翻来覆去地提及，只要想起来了，就对着孩子唠叨一通。

这种教养方式令孩子感到厌烦痛苦，也耗费了我们自己很多的生命能量。妈妈们的本意是为了摸清孩子的状况、引导孩子思考的，要做到言简意赅，教育方向要有精准度，依靠多说来制胜，多半都是徒劳。妈妈们一定要引以为戒，不要犯类似的错误。

有智慧地赞赏孩子

赞赏是家庭教育中的一个重要组成部分，合理的赞赏会让孩子产生成就感，使他能够对自己当下的表现有一个准确的判断，意识到自己应该在哪个方向继续努力。

然而并不是所有妈妈都能给出合理的赞赏，也许是受一些不恰当的家庭教育指导所影响，导致很多妈妈喜欢将赞赏挂在嘴边，不管孩子做了什么，都夸孩子"你真棒"，以为这就是赏识教育。其实，孩子未必能从夸奖中获得鼓励。

为什么这样说呢？

"你真棒"这样的表达，并不是一句可以广泛适用的鼓励语言。

比如，孩子在学校的表演中出了问题，原本就沮丧不已，妈妈心不在焉，随口说了一句"你真棒"，以为这句"万能"的话总不会出错，谁知孩子听了后有种被讽刺了的感觉，他此时需要的是妈妈对他沮丧情绪的认同，而并不需要妈妈说一句违心的"你真棒"。

夸奖孩子"你真棒"，孩子并不会明白他到底棒在哪里了。

其实，孩子要的并不是这么笼统的夸奖，他需要妈妈明确地告诉他到底做了什么，他需要从妈妈那里获得对他行为的一个准确的评价。

"你真棒"有时候也会害了孩子，毕竟他并非总是很棒。

没有孩子是完美的，不要让他错误地认为自己做什么都是对的、好的、没问题的，笼统而直接的赞赏会将他举得太高，让他变得目中无人而又不思进取。

教育中的赞赏也一定是有智慧的表达，要有事实依据，要赞扬合理，还要让孩子有继续进步的念头。你不妨试试这样做：

第一，明确行为，肯定当下。

你一定要知道孩子做了什么，不管是从老师那里还是从孩子自己口中，你要知道确切的事实，以判断孩子是不是真的需要你的赞赏，以及你应该赞赏他什么。

确定了事实之后，你要肯定孩子当下所做的事情，对他做得对的、好的事情予以肯定，让他知道这一次他表现得很不错，值得鼓励。

另外，要注意你夸奖的是孩子这一次努力的事实，而不能因为这一件事就把他说成一点错误没有的完美孩子，以免他对自己产生误解。

第二，赞赏事实，表扬努力。

你夸奖的是孩子努力的行为，并非夸他"是一个聪明的孩子""你真漂亮"等，要夸奖孩子可以为之努力的一面。

之所以要表扬孩子努力的那一面，是因为努力后的成果是孩子付出了汗水得来的，是来之不易的，是他成长的一部分。而他与生俱来的东西，即便你夸，他也不会有什么改变。如果经常为此赞美他，他就会产生傲慢的心理，认为自己真的还不错，已经不需要再努力了。

你赞扬得越是具体，孩子越能清楚什么是值得夸奖的，他会开心于自己的表现，而他也会希望做更多的事情，以验证哪些是能得到赞赏肯定的。这就相当于在不知不觉中，为孩子指出了一条努力奋进之路。

第三，夸奖"特殊"，淡化日常。

孩子吃完了一大碗饭，你夸他"很棒"；孩子自己收拾好了书包，你夸他"了不起"；孩子自己洗了一次澡，你觉得他"太聪明了"……类似这样的夸奖都是无意义的，因为这些都是孩子日常要做的，是他生活中不可缺少的部分，就好像夸奖一个人会呼吸一样，对于他来说不具有任何鼓励意义。

即便是对待3岁以下的小孩子，你也不能因为他自己主动吃了一顿饭就说他聪明透顶，你要让孩子意识到这些日常行为是他生活中的正常行为，是他应该做到的事情。当然，妈妈适当的鼓励是可以的，太言过其实的赞扬就不恰当了。

你要夸奖的应该是孩子为了战胜困难而付出的努力，比如，不会的难题他经过自己的学习做出来了，总也不及格的跳绳考试在他的勤加练习下考了个不错的成绩，经过自己的调节他修复了和朋友紧张的关系，等等。

这里的"特殊"带了引号，意思就是你要夸奖孩子那些能超越自己的努力行为，平淡看待普通的人人都能做到、也应该做到的事情，这才能避免孩子找错努力的对象。

第四，表达希望，寄语未来。

有智慧的夸奖是开放式的，就是要让孩子看到，通过他的努力，他在这一阶段、这一次有了不错的表现，这并不代表他已经到达了完美境地，他眼前应该有更广阔的天地，通过努力他可以看得更高、更远。

所以你的夸奖要带有期望，比如孩子这一次的考试在他的努力下比上次有了进步，你就可以说"我为你的努力感到高兴，你的成绩有了明显的进步，妈妈相信在你的持续努力下，还能更上一个台阶"，肯定加期望，也会让孩子对自己有信心，而且不封顶的夸奖会让他意识到自己还可以做得更好，这也能避免他骄傲自满。

温柔地说"不"，而非粗暴拒绝

幼小的孩子可能经常会"打扰"你，你又是怎么处理的呢？

妈妈在工作，3岁半的孩子凑过来想要跟妈妈亲近。妈妈刚好精神高度集中，孩子凑过来想要挤进妈妈怀里的举动打乱了她的思路，妈妈忍不住吼道："出去！不许黏着我！"可孩子并不听从，依旧黏着，妈妈连吼了好几句，孩子才不情不愿地出了屋子。

过了没一会儿，孩子又悄悄地蹭了回来，妈妈看了她一眼，知道自己刚才的吼叫果然没有效果。于是妈妈缓和了一下，拉着孩子的手说："妈妈在工作，一会儿陪你玩。所以现在妈妈抱抱你，你乖乖出去自己玩一会儿好吗？"

得到了妈妈的回应和拥抱，孩子高兴地同意了，和妈妈亲热地抱了几秒钟，孩子自己就乖乖地离开了妈妈的工作环境。

粗暴的拒绝，自己上火不说还费了口舌，并不能换来孩子的配合；相反的，温柔地说"不"，却能毫不费力地得到想要的结果。

还是类似于一个照镜子的原理，你这边温柔相待，孩子多半不会和你激烈反抗；但你若是粗暴拒绝，孩子肯定不会服气。特别是对待处在逆反期的孩子，如果你没有理性不讲温柔，那孩子对你可是毫无道理可讲的。

记得我们前面讲过，温柔才是妈妈最大的力量，那么拒绝的时候也是如此。可是很多妈妈还会问，仅仅是温柔拒绝就够了吗？还应该注意哪些问题呢？请接着往下看。

千万不要做一个"随心所欲"、没有原则的妈妈。

在拒绝这方面，很多妈妈总是表现得颇为随心所欲，会随着自己的心情来调整用哪种方式来拒绝孩子：

妈妈很开心→降低原则，对要求来者不拒

妈妈不开心→连正常需求也一并拒绝

妈妈心情好→有耐心地拒绝

妈妈心情差→毫不犹豫地吼叫拒绝

妈妈感觉愉悦→无限包容

妈妈感觉悲伤→处处挑刺

对照以上的文字，我们可以反思下自己是否会这样"随心所欲"、没有原则。孩子虽然小，但是也可以遵守规则，如果我们总是随着心情变换我们做事的方式，孩子会感觉无所适从，同时，他也学到了我们做事的方式，变得没有规则意识，不愿意服从规则。

这件事说简单点叫"说话算话"，说得复杂点叫"有原则性"，我们要做有原则性的妈妈，自己定的规矩自己要遵守执行，不要随着心情改变规则，这也是在给孩子做一个好榜样。

判断孩子的需求正常与否，是温柔拒绝的前提。

孩子一路成长过程中会有很多需求，有的需求是合理的，有的需求就只是在无理取闹。你要接纳孩子合理的需求，拒绝他不合理的要求。

妈妈要表现出对他表达需求的尊重，但该拒绝的也不要犹豫。好好地说"不"，孩子没准儿还会主动来问你"为什么"，这样你也能顺理成章地将拒绝的理由说出来。当然这理由也应该是温柔的，你可以说"妈妈需要一个安静的环境"，但不要说"你太吵闹了，我嫌你烦"。否则，你温柔地讲出难听话的样子，也会让孩子感到难受。

不过有一点也要注意，对于某些合理的需求，如果是因为你当时抽不出身而不能满足，可以和孩子定一个期限以保证最终满足他。而有一些要求，在孩子小时候可能难以实现，但他长大后却是可以实现的，你可以根据他的年龄特点对他需求的合理性进行调整。

温柔且理智地表达你拒绝的理由,而不是只软绵绵地说"不行"。

哪怕是对小孩子,你拒绝的内容也不能只是一个"不行",他也需要知道为什么不行,你的拒绝一定要有理由,且是孩子能接受的理由。

你要平静地告诉孩子他的要求哪里是不合理的,讲出他如果这样做了又会出现怎样的后果;或者告诉他,他所提的要求会对什么人或事物造成伤害。要从孩子的视角出发,用他可以理解的话去表达,他才更容易接纳你的拒绝。

当然,一些原则性很强的问题,比如人身安全问题或在可能对自己和他人造成伤害的事情上,你可以坚定严厉地说"不",加深他的印象,但日后你一定要平静温柔地给他解释你拒绝他的理由。

坚持你的拒绝,给出你的建议。

被拒绝对孩子来说是一种痛苦的体验,所以年纪小的孩子才会哭闹,大孩子也会表现得不开心,他们希望能有新的转机。

对于你可以肯定需要拒绝的内容,在坚持自己原则的前提下,你也要想一个缓冲的办法。你可以给孩子指出另一条路,让他被拒绝的心能得到安慰。

比如,你拒绝了大孩子再多买一套书的要求,但你可以和他一起阅读他还没有读完的书,与他讨论他感兴趣的内容;你拒绝了小孩子不回家再多玩一会儿的要求,但你可以告诉他接下来你们会有一顿美味的午餐。换一种方式来转移孩子的注意力,会冲淡他没有得到的难过。

积极关注与积极心理暗示

很多吼叫来源于妈妈只看到了孩子不好的那一面。在很多妈妈眼中,自己的孩子充满了缺点,似乎怎么做都是错的。有些妈妈错误地理解了"自谦"这个词的意思,将"自谦"变成了自损,她总能找到孩子身上不如他人的地方，然后就会期待孩子能够弥补这些缺点，从而有更大的进步。

但是，当妈妈都不能给予孩子积极的关注，那么孩子就会整日生活在沮丧中，他也会觉得自己没有什么优点，从而变得自卑起来。

除了不能积极关注，妈妈对孩子也总是给予消极的心理暗示，让他误以为自己是软弱的、什么都做不好，让他以为自己永远都比别人差、不可能出什么好成绩。

有的妈妈认为这不能算是消极的暗示，只能算是激将法。而孩子并不能分清什么是激将法，他对妈妈说的话深信不疑，他将妈妈说的当成对他的真实判断。

孩子要生活在一种积极向上的环境中，不管是妈妈积极的关注，还是给予他积极的暗示，都会让他感受到愉悦，这样他会有自信心和进步的动力。

第一，积极关注。

孩子正确的自我感觉，良好的自信心，都是在长期的积极关注中培养出来的。妈妈给予他积极关注，也会让他更具有安全感。

那么什么样的表现代表妈妈对孩子投入了积极的关注呢？

经常对着孩子微笑

注意观察孩子的面部表情

经常与孩子有眼神交流

能够温柔地与孩子进行身体接触

会对孩子进行适当的鼓励

尊重孩子的兴趣爱好

关心孩子的活动与成就

这些都不是什么难事，妈妈们每天都可以做到，只要投入足够的时间就能养成好的习惯。不过妈妈们一定要注意，要给予孩子积极关注是对的，但是不要在关注上加上任何前提条件。

所谓有条件的积极关注，就是指孩子只有表现得好或者满足了妈妈的期望时，妈妈才会对他表达出爱，才会对他有积极的关注。一旦孩子出现令妈妈不满意的行为，妈妈立刻会收起自己的爱，并以"想让妈妈高兴，你就要好好表现"这样的话来威胁孩子。

在这样的条件之下，孩子会慢慢意识到，只有做了让妈妈开心的事情，只有做了妈妈想让他做的事情，才能获得妈妈的爱。也就是说，他想要获得的任何积极的关注都是有条件的，妈妈只接纳他优秀的那一部分。

如此长久下去，孩子会渐渐迷失自我，且对自己的错误和缺点表现得难以接受，因为这部分代表了不被妈妈接纳的那部分，而只能接受被妈妈所欣赏的那一部分自我，自己的真实感受和愿望则被他自己亲手抛弃了。

在这种心理支配下，孩子一般会生活得比较痛苦。他的精力都在努力追求完美上，而完美又岂是那么容易获得的。这样的孩子一般对自己和他人都会很挑剔，由于精神时刻处在高度紧张和戒备的状态下，情绪也不会很好，久而久之孩子的心理就会出问题。

作为妈妈，我们需要给予孩子的是无条件的积极关注，要让孩子意识到，表现得好值得称赞，表现得不好妈妈也会陪伴着他，和他一起努力。不管怎样，妈妈都是爱他的。

有了这样的认知，孩子在妈妈面前就会展现真实的自我，越长大，也就越不会有意识地隐藏自己的不好，更不会有欺骗的事情发生。孩子能够自然地接纳自己的问题，并积极努力去改正自己的错误，这样真实自然、努力上进的生活才是孩子应该追求的。

第二，积极的心理暗示。

通过语言、手势、表情，妈妈可以给孩子进行积极的心理暗示，孩子会在心境、情绪、兴趣、意志等方面发生积极的变化，这样一来，妈妈的教育在潜移默化中就完成了。

来看这样两个场景：

第八章 远离吼叫——这样跟孩子沟通最有效

场景一：

孩子跌倒了，趴在地上马上就要哭出来了。

妈妈甲赶紧跑上前，抱起孩子，心疼地说："摔疼了吧？哎呀，腿都红了，这得多疼啊，我们受苦了。"结果孩子哇的一声哭了出来，且越哄越哭得起劲。

妈妈乙看了一眼觉得不严重，便平静地说："有点疼是吗？没关系的，站起来自己拍拍土，继续去玩吧。"孩子的眼泪转了转又收了回去，站起来拍拍土，很快投入了其他游戏之中。

场景二：

孩子考试成绩不算好，自己很沮丧地坐着。

妈妈甲皱着眉坐在一旁，说："这么差啊，是不会，还是没听懂？这要是总考不好，你以后可怎么办，看你这么发愁？妈妈也很发愁啊。"孩子感觉更沮丧了，觉得自己以后也没什么进步的可能了。

妈妈乙看了一遍卷子，平静地说："成绩这次没有进步哦！但我觉得你一定可以知道问题在哪里，知道问题在哪儿就好办了，战胜困难就能进步，这次已经过去了，我觉得你可以期待下一次考试。"孩子精神好了一点，和妈妈一起检查卷子并讨论起来，很快就找到了努力的方向。

两个场景，每个场景中的两位妈妈，都是出于对孩子的关心，但很显然，两位妈妈甲都对孩子投以一种消极的暗示，不管是总强调孩子的疼，还是不断提醒孩子不好的未来，都让孩子感觉自己是失败的，自己的痛苦是难以忍受的，所以一个越哄越哭，一个则越发沮丧。

而两位妈妈乙都给了孩子积极的暗示，一个是让孩子意识到摔倒没什么，勇敢爬起来就能继续玩；另一个则让孩子知道，找到问题战胜困难，以后就能变得更好。

由此可见，积极的心理暗示会带给孩子积极的认知与体验，孩子会在无形中养成良好的性格，具备坚强的情感意志与良好的思维习惯。

第三，语言暗示。

语言暗示的方法很多，试着从以下几个方法得到启示吧！

1. 旁敲侧击法

讲个故事、做个游戏，和孩子进行一下角色扮演，通过这些非直接性的表达，让孩子从中学到道理。也就是不使用直白的讲道理的方法，而是用孩子感兴趣的方式来实现目的教育。

2. 榜样对比法

榜样的力量对孩子的影响是无穷的，用榜样来引导孩子，让他不断进步。但不要用榜样刺激孩子，这会起到相反的效果。

3. 激发潜力法

孩子都有想要胜利的心思，所以也可以从这方面入手，促进他的行动力。但要注意别让孩子产生争抢的心理，孩子应该不断战胜过去的自己，而不是与旁人一争高低。

第四，非语言暗示。

同语言暗示一样，非语言暗示也有很多方法，以下简要分类阐述。

1. 眼神表情

鼓励的目光、兴奋的笑容，会让孩子体会到成功的喜悦；安抚的表情、暖暖的笑容，则让孩子感受到包容与接纳。积极的表情也会给孩子带来很大的影响。

2. 行为举动

拥抱、击掌、对拳头，拉手、挽臂、蹭蹭头，妈妈这些行为举动对孩子也是一种积极温暖的暗示。

除此之外，妈妈自己的言行举动也是对孩子最好的暗示。遵守公德好好排队，乐于助人奉献爱心，团结邻里结交好友，爱护环境节约资源……妈妈可以用自己良好的示范作用，引导孩子养成好的行为习惯。

巧妙运用非语言沟通方式

前一节提到了非语言暗示，这可以被归结为非语言沟通方式的一部分。沟通并不仅限于用语言来表达，很多非语言沟通的方式也会产生良好的沟通效果。

美国语言学家艾伯特·梅瑞宾就曾经提出过一个著名的沟通公式：

信息的全部表达 =7％的语言 +38％的音调 +55％的人体动作

由此可见，要将一个内容表达得清晰且有力量，语言沟通占7％，而非语言沟通则占了93％。

在妈妈与孩子的沟通过程中，非语言沟通也是一种重要的方式。

比如，孩子取得了好成绩，除了口头表达"看到你的进步我很高兴"之外，可以走过去给他一个大大的拥抱，拍拍他的肩膀，和他对对拳头，用灿烂的笑容表达你真的很开心，也可以用小礼物来表示你对他进步的肯定。

而当孩子感觉受了委屈时，除了说一句"我理解你的难过"，你也可以抱住他的肩膀，摸摸他的头，亲亲他的额头，拉住他的手给他以力量，用坚定的眼神、理解的目光让他意识到妈妈是和他站在一起的。你递给他的擦眼泪的纸巾，放在他手中的温水杯，都会让他感到自己是被关怀、被爱着的。

所以沟通不一定非要用语言，巧妙地使用非语言沟通的方式，同样也能让孩子产生被理解的感觉。

第一，与语言搭配使用的非语言沟通。

非语言沟通可以成为语言的辅助，就如前面提到的那两个场景所表现出来的，你在和孩子表达语言内容的同时，将非语言沟通加进去，让孩子从听觉、视觉、触觉等各方面感受来自妈妈的关怀与爱，会让沟通效果加倍。

第二，完全不使用语言的非语言沟通。

有时候也不一定非要用语言，妈妈也要控制自己想要说话的欲望，拥抱、抚摸、亲吻、握手、点头、竖大拇指、拍肩、微笑、眼神以及其他表情和动作都能将一些简单的意思表达出来。

比如，孩子偷懒不好好写作业，相比较于吼一声"你怎么还不好好写作业"并由此展开唠叨，你用严肃和提醒的眼神看着孩子，并指一指他的作业，他多半都会明白你的意思，也会很感激妈妈没有吼叫他。

第三，选择合适的时机使用非语言沟通。

当孩子感觉难受，需要找个人倾诉沟通时，你若是和他进行"非语言沟通"，只是对他拍拍抱抱，他会觉得你不近人情，不理解他的感受。

所以妈妈也要通过孩子的言行举动确定他到底需要怎样的沟通。这种时候你可以选择语言与非语言相结合的沟通方式来与孩子相处。

当然，有时候孩子也需要自己一个人静一静，不想听见任何声音，或者他暂时不知道应该怎样开口，这时非语言沟通就非常重要了。理解的眼神、给他拿来他喜欢的东西、拍拍他的肩，都会让他感觉到你还一直关注着他，并没有彻底不理他，他也会敞开心扉，将他的心事告诉你。

另外，使用非语言沟通方式时，还要注意孩子的年龄特点和他本身的个性需求。

对年龄小的孩子，你的抚摸、拥抱等肢体动作可以多一些，表情也要更明显一些，他会全身心地去感受你的每一个情绪变化；而随着孩子年龄的增长，你的动作表情就要逐渐适应他的成长变化了，动作要变得更理性，只要让他意识到你依然理解他就好。

对待女孩，你的动作要温柔一些、亲密一些，这都是没问题的，母女之间可以用拥抱、头靠头、拉着手、抱着胳膊等方式去表现彼此的亲密。

但对待男孩，你就要顾及他的性别特点。很多男孩子慢慢长大之后，并不那么喜欢妈妈的亲昵行为，他们觉得自己已经是男子汉了，太亲密的动作让他们感觉自己还是个小孩子。此时，妈妈不妨用带鼓励意味的握拳、带有庆祝性质的击掌、坚定的眼神、肯定的笑容来表达关切之情，这些都会让男孩子变得坚强、勇敢、有力量。

在对男孩子的非语言沟通方面，妈妈不妨让爸爸也学习一些，就像母女之间的特殊情感联结一样，父子之间的情感表达也会让男孩子更有力量感。父子之间的拥抱明显与母子之间的拥抱是不一样的，母子之间多是温情鼓励，而父子之间就是男人和男人之间力量传递，随着男孩逐渐长大，这种感觉会更加明显，所以妈妈要提醒爸爸，不要忽略男孩子的成长需求。

第九章
给孩子立规矩——少吼少叫少生气

没有规矩，不成方圆。就像不曾修剪的小树，枝丫丛生，耽误了生长。孩子就是这小树，习惯的养成越小越好，若想要不吼不叫少生气，妈妈就要给孩子先将规矩立起来，让他从一开始就有原则地成长，免去后期断杂枝的疼痛。

戒吼叫，但绝不等于不管教

戒掉吼叫是妈妈们的功课，但要认清一个教育事实：妈妈戒吼叫，绝不等于戒掉对孩子的管教。

忙于工作的妈妈提醒孩子的外婆，看孩子的时候，尽量不要对孩子吼叫，好好说话也能教育他。

外婆一开始同意了，但后来调皮的孩子总是挑战外婆的"底线"，外婆想要吼叫，但又想起女儿提醒过自己不能吼叫。

面对孩子带来的麻烦和自己不能吼叫的憋屈，外婆终于忍不住了，她在女儿休息的时候对她说："你说的，不吼叫，你看这不吼行吗？就因为你不让吼，我好声好气地跟他说，他根本不听，这都上天了！你这是不想好好管教孩子啊！你这就是不负责任啊！还不让吼，孩子都闹成这样了，你不吼他能教育得好？"

妈妈也有些烦躁，看着大人孩子乱成一团，她也陷入了两难之中。

乍一听来，老母亲的话似乎有道理，面对闹得一团乱的孩子，如果再不能吼叫一声震慑他一下，他可能真"闹翻天"。

但如果能静下心来思考一下，你就会发现其中的问题，为什么非要等着孩子闹成这样了才想用吼叫去解决呢？为什么一定要用吼叫来制止孩子的闹呢？而且，很多妈妈也有疑问，孩子不能吼，长大了管不住了可怎么办？

可能很多人将"吼叫"和"管教"混为一谈了。戒吼叫，绝对不是不管教，不要将吼叫与管教混淆。这里所说的"管教"，是正面管教，与惩罚、控制无关。

吼叫是发泄，管教是教育。

吼叫来源于怒气，愤怒下的大脑不能处理太多的信息，只能选择简短而尖厉的话语去刺激对方。所以吼叫的内容很多都是随性而出，但实际意义并不大，其唯一的作用就是给听者带来伤害。因此人们才说，愤怒下说出来的话都毫无意义，人们也不会与愤怒中吼叫的人做任何约定。

但管教则不同，管教是有目的的，是为了让被管教的人变得更好。管教从头至尾都有理有据，有方法、讲策略。正确的管教每一步都是有意义的，都能起到良好的效果。

吼叫带来伤害，管教带来成长。

吼叫的话都很刺耳，要么揭他人的伤疤，要么抨击他人的弱点。这样的语言只会让听者受伤，到头来只记得吼叫者的怒气。

管教中所讲出来的内容是有针对性的，针对问题、缺点、错误给出建议和指导意见，每一次管教都能让人有所收获，进而有所成长。

吼叫疏远关系，管教加强关系。

妈妈的吼叫是在把孩子越推越远，妈妈的态度会让孩子感到害怕，甚至想要逃走，时间长了，孩子会对妈妈关闭自己的心门。

但管教正相反，管教带给孩子正向的改变，妈妈的每一次智慧语言，都会让孩子变得更好，孩子会从妈妈这里感受到关怀与鼓励，自然也就对妈妈心生尊重、崇敬、亲近之心。

分清吼叫与管教之间的差别，也是为了让我们更明白地意识到吼叫不能代表管教，丢掉吼叫并不意味着也随之放弃管教。

事实上，戒掉吼叫，代表你要戒掉自己的坏脾气，让自己不会轻易为情绪所左右；意味着你要尽量理性思考孩子的问题并寻找解决方案；也意味着你不能借由孩子的问题来发泄自己的不满，而是要将自己的事情与孩子的事情区分对待。

之所以有妈妈会有这样的错觉，认为一旦戒掉了吼叫就是对孩子的不管教，就是因为这样的妈妈除了吼叫就没有别的管教孩子的方法，她们错误地将吼叫当成了管教，就如前面那个事例中的外婆一样。

我们应该想一想：为什么对着孩子吼叫，孩子反而不听？为什么你的好声好气，却换不来孩子的回应？为什么你想要管教，却看不到效果？

归根结底，还是因为方法出了问题。假如从一开始，你就给孩子立好了规矩，让孩子知道什么是可以做的，什么是不能做的，他又怎么可能做出格的事情呢？

在你丢掉吼叫的同时，要学习有效的管教孩子的方式，要学习怎样用不"暴力"的方式让孩子心服口服。

通过管教引导、训练孩子，让他能守规矩、学会相应的技能，为未来的发展做好准备。

也就是说，戒吼叫是你开始走向正确家庭教育的第一步。

这样给孩子定规矩，孩子最愿意配合

孩子对世界有一种很强大的探索欲，他跟随自己的好奇心而行动，对什么好奇就会去触碰什么，并不懂得什么是危险的，什么是不能做的。

虽然我们要尊重孩子的自然成长，但同时也要注意，孩子的成长不可以缺少管教。有的妈妈说了："我当然知道定规矩重要了，可是我定了规矩就跟没定一样，孩子根本不听，他总是违反我的规矩，要不就是我得反复强调好多遍，他才勉强听一次，但这个状态也维持不了多久。"

为什么是这样的？孩子难道注定就要和我们对着干吗？其实这问题还要从我们自身来寻找答案，你需要好好思考下面这些问题：

定规矩前，你和孩子沟通过吗？

你定的规矩是孩子成长需要的吗？

你的规矩定得有理有据吗？

你的规矩是只对孩子有效吗？大人有没有守规矩？

你是不是在气急的情况下才定规矩？

你的规矩会中途发生变化吗？

你会因为孩子不遵守就改变规矩吗？

这些问题并不是简单的是非题，在回答时，就可以发现你所定的规矩到底哪里出了问题。

那么，怎样才能制定出有利于孩子成长，又能让他乐意遵守的规矩呢？

定规矩之前，要让孩子明白规矩的必要性和重要性。

在给孩子定规矩时，如果不通知他这个当事人，不让他知道他为什么要守规矩、守什么样的规矩以及这个规矩制定的过程，他当然不愿意遵守，还可能会觉得自己的自由被侵犯了。

所以，妈妈们在给孩子定规矩的时候，一定要让孩子参与进来，让他对这个规矩有所了解，这样规矩执行起来也会更容易。

定出切实可行的规矩，而不是理想状态的规矩。

规矩制定出来是要能执行下去的，这个规矩要符合孩子当下的状态，是他经过努力可以实现的。你不能把规矩变成盲目拔高的目标，否则孩子根本做不到，那么这个规矩的存在也就没有意义了。

比如，定一个回家立刻写作业的规矩，就不能规定"进家后一秒不能耽搁，立刻坐在桌前写作业"。这个状态太理想化了，并不利于孩子执行，所以规矩要定得现实一些，可实现的规矩，孩子才能够执行。

所有的规矩之间不要有冲突。

定一个规矩之前，也要考虑它与其他规矩是不是冲突。如果两个规矩有冲突，孩子就会感到疑惑，面对两个标准不知道该执行哪一个。你可以列一个规矩清单，孩子要遵守什么，应该做到什么，一目了然，这样可免于重复与冲突。

随着孩子成长要注意变换规矩内容。

给10岁孩子定的规矩，肯定和给3岁孩子定的规矩有所不同，所以，随着孩子年龄渐长，家中的"规矩清单"是要有所调整的。

为了避免烦琐，一些他早就养成的好习惯，就可以从"规矩清单"中撤出了。因为这些好习惯经过长时间的强化，已经成了孩子生活中的一部分。

我们把孩子新的成长阶段要注意的新问题列出来，会让他这段时间的努力更有方向。对于孩子已经做到的那部分，虽然已经从"规矩清单"中移出，但并不代表它们就是不重要的，妈妈还要时刻提醒他注意这些事项，让他把好习惯继续保持下去。

正确的规矩不应该只对孩子有约束作用。

有的妈妈习惯于只给孩子定规矩，而其他人却游离于规矩之外。于是在孩子看来，全家上下只有他一个人生活在"框框"之中，他会觉得这样很不公平。

最好制定一些全家都需要遵守的规矩，比如打扫卫生不能偷懒，学习时间都要认真。当全家人一起遵守一项规矩时，孩子会找到榜样，爸爸妈妈都能遵守，他也会认真执行。

另外，很多家庭会有一些非常好的家风传承下来，比如节俭不浪费、爱读书爱学习、善待他人，等等。妈妈和其他家人不要因为家中有了孩子就把好的家风舍弃，好的家风一定要继续传承下来，这都是给孩子的巨大的精神财富。

学会合理地用自然后果惩戒孩子

孩子在成长中会犯很多错误，犯了错误就要承担后果。每当孩子犯了错要承担后果时，很多妈妈都会这样说：

"我不是告诉你不要这样做了吗？你看你现在这个样子！"

"我提醒过你了，你还不长记性！"

"我说过不行，你是欠揍了吗？"

……

妈妈们这样的表达，无外乎就是要让孩子意识到"妈妈说的是正确的，你不听就会遭殃"。但是孩子却可能并不能领会妈妈的"深意"，因为他知道，妈妈也只是说说而已，事后该怎么帮忙还怎么帮忙，即便自己留下个烂摊子，妈妈也会帮着收拾得干干净净。

正是因为妈妈们只是过了嘴瘾，却没有让孩子真正体会到那个后果所带来的影响，所以孩子才越发有恃无恐，越发对自己的错误、问题不当回事。

如果想要改掉孩子的这个毛病，最好的方法就是使用"自然后果法"。

所谓"自然后果法"，就是对孩子错误行为引起的后果，成年人不要进行干预，而是由孩子来全部承担责任的方法。

妈妈与孩子约定好，每天晚上9点之后必须上床睡觉，不能再写作业了。

但有一天，孩子得了新玩具，一时兴奋，只顾着玩，忘记了写作业的事情。期间，妈妈提醒了一次但没有效果，于是，妈妈决定让他自己承担这个后果。等到了8点半，孩子突然想起来还有作业要做。可是作业并不少，9点肯定写不完。

到了9点，妈妈果断收起了他的作业本，并让他上床睡觉。孩子坚持要写，妈妈却说："规定好了的，你就要遵守。你之前自己贪玩忘记了写作业，就要自己承担这个后果，延长时间是不可能的。"

孩子慌了，眼泪都掉下来了，如果今天写不完作业，明天老师肯定会批评自己的。可妈妈坚决不松口，孩子哭着躺在了床上。

第二天早上，妈妈叫孩子起床吃饭，却发现孩子早就坐在了书桌旁。孩子说，为了能补上作业自己5点就起来了。

后来，孩子感慨地对妈妈说："妈妈，我以后回家一定记得先写作业，早起写作业太困了，我一天都迷迷糊糊的，简直太难受了。"

这便是"自然后果法"的"魔力"，妈妈没有进行任何干预，只是坚定地执行了规矩，孩子要全面承担自己没有按时完成作业的后果，还要自己去想办法解决。牺牲睡眠时间补作业，这样的后果让他记忆深刻，只这一次他就记住了，回家第一时间要先完成作业。这种自律精神是妈妈唠叨多少遍都得不来的，所以，只有孩子自己担负起了责任，才可以做到自律。

那么应该怎样让孩子经历自然后果的惩戒呢？

第一，规矩在先，注明后果。

和孩子定好规矩，有些事情是他自己要做到的，如果没做到就要承担没做到的后果。明确这些要求，让孩子自己心里有数。

不过不要总反复提及这些后果，不要总把"你不这样就会如何如何"这样的话挂在嘴边，反复预警说明做妈妈的心里对孩子没有底，不知道他是否能完成任务，也担心他完不成任务之后不能承担后果。妈妈的焦虑情绪会传染孩子，他也会变得不自信且焦躁不安。

第二，坚持原则，不要心软。

一旦孩子触犯了规定，遭遇了后果，就要完全让他自己去承担，不要心软妥协于他的眼泪或者哀求。妈妈坚持原则，才能让"自然惩罚"的效果显现出来，孩子也才能真正因为这些后果而进行反思。

妈妈也要提醒家里的其他人遵守这个规矩，尤其是家里的老人，不要让孩子找到可以"突破"的对象。

第三，惩罚合理，不偏不倚。

自然惩罚是要让孩子从所遭遇的后果中有所感悟，并由此改正错误，重点是感悟和改错，而不是为了惩罚，所以惩罚要适度且不能伤害孩子的自尊。不要给孩子设立过于严苛的惩罚，让孩子对遵守规矩产生畏难心理。

第四，注意现实，斟酌后果。

这里的现实包括这样几种情况：

一是孩子的个性如果看上去比较"洒脱"，那么自然惩罚可能对他作用有限，比如没带伞淋了雨，那就淋着；没写完作业会被老师批评，批评就批评呗；衣服破了没得穿，那就穿着破衣服；等等。对这样的孩子，妈妈就要仔细观察，看看他在意的事情是什么，在他最在意的事情上锻炼他用心做事的好习惯。

而孩子的个性若是太过敏感，一丁点儿惩罚都会让他觉得特别难过，心理仿佛受到极强烈的刺激，那妈妈就要适当调整惩罚的力度，以他可以接受为宜。

二是根据现实情况可以临时给孩子一些自然惩罚。比如孩子忘记带某一科课本，打电话回来要求送书，就可以告诉他"忘记带书是你自己的问题，妈妈不会给送过去"，以让他记住以后自己检查带齐书本。

三是自然惩罚教育作为教育方法之一，也需要其他方法来配合使用。

根据孩子的实际情况来综合使用多种教育方法,才能对孩子开展更有效的教育。

规矩严格立,但执行可以有变通

给孩子定了规矩,我们当然希望他能遵守这些规矩,如果他没有做到,那么规矩中的惩罚最好也要严格执行。

但是生活中充满了变数,因此很多特殊情况之下,孩子可能根本没法按照规矩去做,这时我们就要有所变通,不要那么死板。

来看两位妈妈的经历:

第一位妈妈:

孩子非常喜欢看动画片,从上幼儿园到上小学,每天放学都会看一会儿。妈妈觉得总看电视不好,就给孩子立了规矩,要求他每天只能看十分钟,之后必须关掉电视。

但是孩子总是想要延长时间,妈妈自然不同意,一到时间她会毫不犹豫地关掉电视。而面对孩子的哀求或吵闹,妈妈也总是厉声厉色,吼叫着将孩子从电视旁赶走。

孩子和妈妈的关系变得很紧张,孩子抱怨妈妈十分钟根本看不完一集动画片,妈妈则指责孩子不好好学习总想贪玩。后来,孩子还学会了偷看电视的"技能",妈妈也总是疑神疑鬼,怀疑孩子越来越不听话了。

第二位妈妈:

妈妈认为从小培养孩子守规矩,那么他长大后就能更好地适应社会,所以给他制定了很严格的规矩。

比如,要做礼貌的孩子,如果不和人打招呼回来就要面壁5分钟;妈妈要求停止的活动必须马上停下,如果没停下就要被打手心;如果发现有偷懒不完成作业的行为,就会被关小黑屋;等等。而很多惩罚也都很严苛，罚孩子不能玩游戏、不能与好朋友见面、不能得到想要的玩具，等等。

这些规矩从孩子三四岁时就开始执行了，他也不太反抗，但是经常性遭受惩罚，让他变得越来越不阳光，情绪也总是压抑的。到了上小学的时候，妈妈发现他总是时不时咬指甲，人也越来越沉默寡言，和妈妈的交流也越来越少，整个人都阴沉沉的，妈妈很焦急，但是不知道哪里出了问题。

这两个故事中的妈妈的做法都有问题。那么，如何做才能避免在制定规矩、执行规矩的过程中出现问题呢？

制定规矩要从孩子的实际出发，灵活变通。

如果我们不能从孩子的实际情况出发，制定的规矩就不容易被孩子接纳遵守。就如同第一个故事一样，与其每天看十分钟不能看得痛快，还不如和孩子重新定下规矩，比如周末看一个小时。可能这样的规矩更容易让孩子接受并执行。

规矩定出来要怎么执行，是需要妈妈的智慧的，孩子只有愉快且充满期待地去执行，这个规矩才可能产生妈妈所期待的效果。

制定的规矩不可以太过严苛。

第二个故事中的妈妈则太过严苛，这些规矩已经不再是督促孩子进步的助力，反而成了荆棘一般的束缚，不仅绑得紧，还会扎得疼，让孩子越发想要反抗，可自身的力量又太薄弱了，最后只能变得越来越沉默，小小年纪甚至都有了抑郁的倾向。

规矩是死的，可孩子是鲜活的，在规矩执行的过程中，如果孩子出现非常不适应的情况，我们可以对规矩进行修订。我们定规矩的初衷是为了孩子好，一切以能促进孩子进步为主，人不能被这些规矩约束得动弹不得。

弹性执行规矩，是我们在定规矩时就必须要考虑的事情。

还要确定需要严格执行的规矩。

对于孩子来说,有几种规矩需要他严格执行:

第一,涉及孩子人身安全的问题,他必须要远离危险,必须要能保护好自己。

第二,涉及他人人身安全的问题,孩子必须要做到不伤害他人,不随意损害物品。

第三,涉及原则的问题,最基本的做人原则绝对不能违背。

类似这样的规矩,我们要以严肃的态度去制定,且要求孩子严格执行,没有缓冲的余地,在最初就要告诉孩子,这几条是不能被动摇的原则。

教孩子学会自我管理,孩子自觉我省心

一个人必须要学会自我管理,这是因为每个人都是独立的,不可能依靠谁过一辈子。如果不能进行自我管理,总是需要他人的提醒、帮助、约束,这个人是没有自主性的,没法做出自主选择,不能跟随本心去做更多的事情,这样的人生是不自由的,也注定不会快乐。

你一定不希望孩子过一种不自由的生活,但对于一些妈妈来说,却在不知不觉中就带领孩子向着这个方向努力。

有的妈妈对孩子太过担心,不管什么时候都认为孩子还太小,就想要什么都帮他准备好,自己时刻都在监督他,觉得这样他才可能遵守规矩、做更多的事。

这种类型的妈妈通常这样想:

孩子是自己的,如果自己都不管孩子,孩子怎么可能好呢?妈妈的责任就是要管理孩子、要求孩子,否则孩子不可能变好。

孩子这么小,怎么有能力自己管自己呢?他一定是贪玩的、随性的、

他不可能做得到自我监督、自我管理。

这种大包大揽、不信任的想法，促使妈妈们不能对孩子放手，结果孩子反倒变得不自由，妈妈自己也觉得很累。

其实孩子都是期待自我管理的，他希望自己能做得了自己的主。同时，我们也不能忽略人的依赖性和习惯性，毕竟有人帮着他把什么都做好，确实是一件很享受的事情，他会习惯于去依赖。

不要想着等孩子长大就好了，很多事情如果不是从孩子小时候就开始投入精力去培养、训练，等他长大了就很难改变了。因为惰性一旦养成，再想变得自觉主动，就没那么容易了。

所以，在孩子小时候，就要教他学会自我管理，就好比给他设定好了正确的程序，他按照正确的程序走，路就会走得非常顺利，而按照错误的程序，则会处处碰壁。

那么，我们应该怎样做呢？

给孩子自我管理的机会。

既然让孩子自我管理，就要给他自我行动的机会，让他自己经历更多的事情，包括犯错、体验失败、战胜困难，等等。

孩子需要经历更多的事情，从小时候开始，只要不触动大原则，就要放手让他自己去尝试、探索，即便犯错也不要苛责他，鼓励他自己寻找改正错误的方法，丰富他的生活经历。

孩子的事尽量让他自己选择与决定。

孩子一路成长，会经历各种各样的事情，很多妈妈习惯帮孩子做决定，小到穿什么颜色的衣服，大到选择什么兴趣爱好，妈妈事无巨细。被妈妈一手操办的孩子，显然是学不会自我管理的。

所以只要是孩子的事情，都不妨让他参与进来，给他自我选择和决定的权利，让他知道自己的事情是可以自己决定的，让他从小就有自己为自己负责的意识。当孩子做出选择了，只要不违背原则，我们就可以放手让他去做。

培养孩子的自我责任感。

孩子要有对自己负责的意识，妈妈要让他知道，他的人生只能是他自己来负责，他做了什么事，其后果也要由他自己来承担。

要做到这一点，妈妈平时就要少说一些"你要听妈妈的话"这样的话，换成"这是你自己的事，你要自己想办法"这样的提醒，让孩子时刻意识到他是自己生活的主人，遇到事情首先要自己想办法。

妈妈要做到，只要是孩子自己负责的事情，不管是什么后果也都要让孩子自己去面对与承担。正因为是他自己参与的选择、自己做出的决定，那么不管好坏，他都要对后果负责，这也会让孩子更慎重地考虑事情，无形中会提升他谨慎做事的能力。

妈妈要做孩子的辅助者。

既然让孩子自我管理，那妈妈是不是就可以完全放手了呢？答案是否定的。孩子的年龄决定了他思维的局限性，在某些事情上，他会有颇为理想化的想法，也会有违背现实、原则的想法，这都是孩子心智还不够成熟的缘故。

我们既要相信他，让他自己做主，也要认识到孩子尚不成熟的年龄特质，在他需要我们帮助的时候成为他的辅助者，聆听他的想法，给他提出建设性的建议，在他思想偏激的时候帮他理清思路，在他过于激动的时候给他"降降温"，在他一筹莫展的时候给他放一根"指路标"。我们可以不左右他的选择与决定，但却可以成为他的助力，帮助他走好自己的人生之路。

第四部分

实操篇
——这些问题不用大吼大叫也能解决

孩子生活中会经历各种各样的问题：拖拉、懒于动脑、没有自控性、与父母针锋相对……你是不是一想到这些问题就感到头痛？其实孩子并没有那么麻烦，用对了方法，不吼叫也一样可以解决问题。

不要害怕自己是个不完美的妈妈，每个妈妈都会经历从没有经验到有经验的过程。下面有一些实操的方法，你可以参考，可以学习，但一定不要"拿来主义"。每一个孩子都是独一无二的存在，请运用我们的智慧，结合孩子自身的特点，寻找更适合孩子的教养之道吧！

记住，不吼叫，你也可以做到好好管教，孩子一定会因为你的改变而有所改变。

第十章 不吼不叫——应用与实战

问题当前,着急是可以理解的,头疼也并不是什么值得羞愧的事情,谁都经历过束手无策的阶段。但重点是,你要始终相信,在孩子身上,没有什么问题是不可解决的,只要你愿意改变错误的教育理念,你也能成为有执行力、有智慧的好妈妈。

要特别强调的一点,无论是孩子现在的问题,还是将来的问题,所有问题的解决都是基于"不吼不叫"这个大的前提来实施各种教育方法的。

有一句话说得好,"只要思想不滑坡,办法总比问题多"。的确,时时提醒自己"不吼不叫教育孩子"这个理念,你的思想就处于"不滑坡"的状态,就一定能找到解决孩子问题的办法。

孩子总是拖拖拉拉怎么办?

在很多妈妈吼叫的原因里,孩子拖拉要占据很重的分量。家庭中经常会传出这样的吼叫声:

"你动作快点!"

"磨蹭死了!等什么呢?"

"迟到了别哭,老师训别委屈!"

"你能不能迅速一点,谁都没你慢!"

……

我们对孩子的行动速度始终不满意,总是抱怨他跟不上我们的要求。毕竟作为成年人,我们头脑中的24小时每一分钟都有它的用处,但孩子对时间的概念却不那么清晰,他们看起来总是在悠闲地做事,还总是会被一件事突然吸引住目光,只要被吸引住了,妈妈再怎么吼他也像听不到一样,会长久地沉浸在当时他认为很有趣的情境里出不来。

还有的大一点的孩子,拖拖拉拉早就成了他们的习惯,非要等到限定的时间快到了,才慌慌张张开始动手。

这些"不知道珍惜时间"的行为,在我们眼里就是拖拉。面对拖拉的孩子,我们无比心焦,不得不提高声音,让自己的态度再严肃一些,以期孩子能认真对待"提速"这件事。可遗憾的是,孩子似乎并不能体会我们的这份"良苦用心",几乎每一次他都会被我们"拖"着往前走。

怎么办呢?除了吼叫还有别的方法吗?当然有!让我们换一种智慧的教育方式和孩子相处吧,让孩子主动改掉他拖拉的坏毛病。

了解孩子磨蹭的具体原因。

在我们想办法让他不拖拉之前,我们要先弄清楚他为什么这么磨蹭。

生活技能需要大量时间去练习→对于小孩子来说,这是他"磨蹭"的绝大部分原因

心情不好,不愿配合妈妈好好行动→及时帮助孩子调整不良情绪

想要吸引妈妈的注意→反向出格的行为反而更能引起注意

即将要做的事情对孩子来说没有吸引力→有兴趣才有动力

长期拖拉让孩子已经养成了拖拉的坏习惯→改变坏习惯要持之以恒

智力、行动方面的障碍→真正的疾病所导致

搞清楚原因,才能更有针对性地帮助孩子解决拖拉的问题。该练习的

生活技能就好好练习；该和孩子沟通的就与他好好沟通，帮他解决心事，让他恢复正常的情绪状态；如果他是在故意吸引妈妈的注意力，就问问他到底发生了什么；如果是"嫌弃"要做的事情没有兴趣，那么妈妈就要引导孩子在做事中发现兴趣，有了兴趣才会有动力；假如真的是疾病所致，就要及时去医院寻求医生的帮助。

放慢自己的速度与节奏。

成年人做事总是追求效率，而我们不能用成年人的标准来要求孩子。很多事情在你这里已经是不用思考就能做得到的了，可孩子不一样，他要经历从认识事物到熟悉事物，最后达到熟练自主做事的过程。我们要给孩子的进步留出时间。

当我们焦虑的时候，就要提醒自己慢下来，只有我们慢下来了，孩子才不会觉得跟不上我们的节奏是让人感到羞愧的，他才能放心去练习。

你一定要给孩子足够的时间，允许他一开始做不到，允许他出错。你要引导孩子，给孩子做榜样，而不是一味催促。

而且，很多时候如果你慢下来了，没准儿还会发现很有意思的小细节。

孩子在和自己的袖子"搏斗"，胳膊都露在外面好半天了。一旁等待的妈妈并没有催促，而是放慢了自己穿衣服的速度，在系丝巾的时候，妈妈自己琢磨着系了一个漂亮的蝴蝶结。孩子终于穿好衣服告诉妈妈可以走了，一抬眼就看见了妈妈蝴蝶形状的丝巾，孩子兴奋地说："哇，妈妈，你今天好漂亮啊！"妈妈对这夸奖很受用，开心极了。

主动放慢自己的速度，给自己找一点小乐子，对孩子是一种宽容，对自己也是一种优待。孩子总有熟练的时候，就像你小时候所经历的一样。只要你给他时间，他就会给你惊喜。

收起对孩子催促的话语。

每天早晨出门之前，是专属于妈妈的"催促时间"：

赶紧的，再不出门就迟到了！

怎么回事？穿个鞋也这么慢，加快速度啊！

快别吃了，放下手里的食物，马上出门了！

什么？水杯没拿？快去拿啊！我刚刚明明提醒过你……

我们对这些催促声都很熟悉吧，每天早晨上学之前的这段时间，就像一场战斗一样，伴随着妈妈们急促的催促声，孩子们慌慌张张地出门。可是孩子们对这些催促的话是什么感觉呢？

一位妈妈就说："那天我催孩子动作快些，他忽然扭头问我：'你为什么总催我？我又不是没动。'放在平时，我肯定会说'不催你就迟到了'或者说'你太慢了'，但那天我忽然想不到有什么原因，因为那天是周末，孩子不用上学，我们也不过是出去玩而已，所以我催他是为了什么呢？"

还有一位妈妈说："我也总是催我闺女，那天我五岁的闺女被我催急了冲我喊了一句'妈妈你别再催了，你越催我越慢'，我一想还真是，我催了半天，也没见她提速啊！"

我们习惯了对孩子催促，言谈话语间都带着急切，不管做什么都催促，恨不得孩子脚底生风。可往往是，我们越催，孩子越慌，慌乱之下就会出错，出了错就会更慢……这是一个恶性循环。

如果我们能保持平静的心态，孩子注意力也会比较集中，会更加专注地完成自己的事情。当然，过程中你也可以适当提醒他时间，但提醒过之后就不要在孩子耳边继续催促了，给他时间让他独立去完成一件事情，过后对他的表现进行总结，好的地方赞扬他，不足的地方提醒他，鼓励他继续努力。

逐渐固定孩子的做事时间。

给孩子足够的练习时间，但并不意味着你就彻底放手不管他了。比如做一件事情，最开始你可以允许他半个小时完成，但之后就要慢慢缩短他的完成时间，直到他实现能力所及的正常速度，这时你就可以固定下他做这件事的时间了。

也就是说，你要通过观察来掌握孩子的真实能力，根据他做事的平均速度，来给他固定做事的时间。有了这样的判断标准之后，如果孩子再拖拉，就要寻找情绪方面的原因了。

给孩子一些自由支配时间的权利。

一定的时间里，孩子需要做几件事，你只要提醒他，在这段时间里需要把这些事情都做完就足够了，不需要再事无巨细地告诉他什么时间段做什么，他能自由支配时间，就会慢慢体会到合理安排时间的重要性。

事实上，每个人都有控制自己时间的欲望，孩子也不例外。当你把这段时间做事的主动权和对时间的控制权交给孩子之后，你就会发现他慢慢就学会了为自己负责，同时效率也变高了。这可比吼叫管用多了。

孩子注意力不集中怎么办？

对孩子说话，他神游天外；要求孩子做某件事，他却被另一件事吸引；上课不专心听讲；做事总是做一半就算了……孩子出现这样的情况，就意味着他注意力不集中。

对待注意力不集中的孩子，妈妈也总是大吼一声，想要拉回他的注意力，可遗憾的是，这一声吼叫也就能有几分钟的效果，孩子会在被吼叫的一瞬间赶紧集中注意力，可过不了多久，他就又故态复萌了。

很多妈妈将孩子注意力不集中的原因归结为"他太贪玩了"，但实际上，如果孩子真的是贪玩，真的能在玩上保持专注，他也不能算是严格意义上的注意力不集中了，只不过是他的注意力不能集中在妈妈希望他做的事情上而已。

所以当孩子注意力不集中的时候，我们应该先观察一下，看看他到底是做所有事都不能集中注意力，还是只在做一些他不感兴趣的事情时才不能集中注意力。

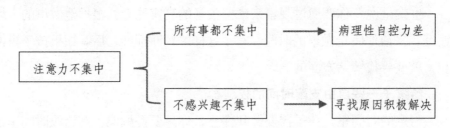

其实绝大多数的孩子都是第二种情况，只是在一些他并不感兴趣的事情上不能集中注意力，或者因为情绪原因导致注意力被分散。这种情况就需要妈妈的积极配合与帮助了。

不随意干涉孩子的做事过程。

3岁时，孩子专心玩着自己的玩具，妈妈在一旁不是提醒他拿哪个玩具，就是问他喝不喝水，还总是让他注意听自己的话。

7岁时，孩子认真写作业，妈妈时不时进来问孩子要不要吃东西，看看他的作业有没有出现问题，看见问题了还要赶紧提醒他。

12岁时，孩子想要好好看一会儿书，妈妈却一会儿让孩子干这个，一会儿让孩子干那个，还总说他不知道给妈妈帮忙，不体谅妈妈的辛苦。

你看，这真的是孩子的注意力不集中吗？你是不是也做过这些扰乱孩子注意力的事情呢？很多孩子注意力不集中其实是被妈妈所影响的，你不要总按照自己的时间表去安排孩子的事情，孩子也有他的节奏，一旦他进入了自己的"工作"时间，你就要尊重他的独处需求，除非他主动向你求助、邀请你加入，一般我们都不要打扰他，专心做自己的事情就好。

要减少唠叨训斥的次数。

注意力不集中的孩子，本身对一件事就不能长久坚持，如果你总是因此唠叨训斥他，他会变得更加烦躁，对事情也就更加不能专注。很可能会出现你一边唠叨，他一边走神的情况，所以，即使你唠叨再多，也是白费口舌，没有效果。

你倒不如少揭他的短,多给他一些鼓励,只要他专注做了一件事,就夸奖他的专注,让他看到自己支配时间是一件多么有意思的事情。要给他机会让他自己做主,要让孩子意识到能做自己时间主人的人是真正自由的人,当真正体会到专注做事带来的益处时,他就不会再拖拉,而是自动自发去做事了。

营造一个有助于培养注意力的环境。

如果在孩子面前只摆放一本书,他当然会专注于这本书;但如果在他面前除了有书,还有玩具、零食、画笔、电视、电脑、手机等五花八门、种类多样的东西,别说是孩子,你觉得你自己能集中注意力吗?

培养孩子的注意力,就要有一个良好的环境,尽量保证他在一个时间段里只做一件事,完成一件事之后再继续下一件事。尤其是家有小学生的家庭,孩子在学习时,提醒他清理桌子上所有非学习的用品,保证他学习过程中不会受到其他事物的干扰。

同时,也可以多做一些注意力的练习。比如小一点的孩子可以练习数豆子、玩拼图;大一点的孩子就可以鼓励他每天认真读小故事等。寻找适合孩子年龄和性格特点的练习方法,配合合适的培养环境,会让他注意力越来越集中。

多夸奖积极变化,少提及消极表现。

孩子注意力提升了,这是件好事,那么你是怎么巩固这个成果以及促进孩子再进一步的呢?来看两位妈妈的说法:

第一位妈妈:"你看现在你多好,以前你注意力总也不集中,看书都看不进去,看一会儿就又想玩玩具去了,之前的你真是让妈妈操碎了心……"

第二位妈妈:"你的进步让我感到开心,现在你都可以安静地看一个小时的书了,我真为你骄傲。我喜欢你这么努力专注的样子,妈妈在这方面也应该向你学习。"

哪一种更能让孩子接受？自然是第二种。孩子并不喜欢自己的缺点总被别人挂在嘴边，妈妈动不动就拿出来说一番，即便他变好了也还要被提及之前怎么不好，他会感到不自在，也会对以前的自己感到失望，这都会拖慢他进步的脚步。

多肯定孩子现在的进步，让他知道自己做得很好，还有更多进步的空间，他也会更愿意努力。

减少智能机器对孩子的影响。

在孩子面前，尽量收起功能繁多的智能机器，比如手机、电脑等，里面丰富多彩的内容很容易就能吸引到孩子的注意力，如果孩子沉迷于网络聊天交友和网络游戏中就更不用说了，网络中虚拟的关系和故事，会占据孩子的大脑，让他们上瘾并难以自拔。

作为妈妈一定要提高警惕，很多非常有潜力的孩子都是从沉迷于网游以后变得难以自控的，不光是成绩下滑，沉迷的时间久了，他会沉浸在虚拟的世界中很难走出来，最后连现实生活中普通的人际交往都成了问题。

不光是大孩子玩游戏上瘾，小孩子看动画片也会上瘾。大家都知道，为了吸引孩子的注意力，动画片中声光电的刺激都很强烈，但这种刺激往往都是浅层的、感官性的，限制了人的想象力，所以有时候我们看到，孩子长时间看动画片之后总是表现得比较焦躁，而我们在看了大量电视节目之后，关上电视脑袋总是会发木。

这是因为，电视节目里能让我们成长的营养很少，大部分都是娱乐的成分。当然也不排除有制作很精良的节目，但是，对于很小的孩子来说，一定要适度看电视。

千万不要把电视和手机当作哄孩子的保姆，等孩子真的沉迷进去以后，再想让他接触一下外面真实的世界，认真拿起一本书好好读一读就会变得很困难。到那时再想培养孩子良好的生活与学习习惯，就是一件很费力的事情了。

孩子不能只靠这些智能机器来生活，他的视听嗅味触觉，都需要得到尽可能的开发与体验，他的手、脑、眼以及身体的各个部位，都需要综合运动才能协调，而这些才是保证他注意力集中的重要因素。

孩子不爱动脑思考怎么办？

作为妈妈，没有一天不被孩子"呼唤"的时候，难道不是吗？

"妈妈，我书包应该放哪儿？"

"妈妈，我够不到那本书。"

"妈妈，这道题应该怎么做？"

"妈妈，我今天穿什么衣服好？"

……

有问题找妈妈，很多孩子都会这样做。被孩子所依赖，原本应该是妈妈感觉开心的事情，但却有很多妈妈并不喜欢孩子这样的依赖，她们抱怨，说孩子不爱动脑子，什么事都得问，什么事都得靠别人指挥，只靠自己什么都做不好。

特别是对大一点的孩子，很多情况下，妈妈都会吼一句"你自己动动脑子行不行"，这样的吼叫充满了无奈。可是吼叫之后，妈妈却还不得不去帮忙。

很显然，不爱动脑思考是不对的，孩子的大脑正处于发展的关键时期，让它积极地运动起来，才能保证大脑越来越灵活。越不动脑不思考，遇到问题就越不知道应该怎么做。那么妈妈怎样做才能激发孩子做事的积极性呢？

妈妈试着多做"甩手掌柜"。

从孩子出生时起，妈妈就对孩子付出了极大的关怀与照顾。但是有的妈妈付出得太多了，什么都为孩子想到了，对他照顾得无微不至，喝水帮着拿水杯，吃饭帮着夹饭菜，穿鞋帮着系鞋带，上学帮着背书包……妈妈提前替孩子做好、想好一切事情，孩子当然不用动脑筋，他变得越来越懒，遇到问题自然也就懒得动脑，反正有那么万能的妈妈在，他还怕什么呢？

想让孩子多动脑筋，我们就要少为孩子做事，在他能力范围之内，尽量让他自己去做，让他体验经过自己动脑解决问题的过程。当妈妈习惯了当"甩手掌柜"后，孩子也会意识到与其求助于妈妈，还不如自己想办法来得更方便，这是妈妈用生活的实例向他证明，什么叫"求人不如求己"。

同时，当孩子有问题的时候，不要直接告诉他答案，而是改为提示一些关键点，引导他自己去想。凡是他自己想出来的、正确的方法，都要予以鼓励，让他知道自己也是可以做很多事的，给他一些信心。

当然，这并不代表妈妈要对孩子不闻不问。如果事情真的超出他的能力范围，我们还是要热情地帮助他，但是帮助不是全权代替，帮助一定要适可而止、点到为止，最主要的是要让孩子有启发。到底如何完成这件事，一定是靠他自己的努力，妈妈永远只能起一个辅助作用。

好的"坏的"都要让孩子经历一下。

孩子不爱动脑思考的另一个原因，是他只愿意经历好的，而不愿意经历不好的。在这种情绪的驱使下，凡是他觉得自己做不到的，都不想动脑去想，不想去努力尝试。

这也是要从妈妈身上找原因的。很多妈妈总会提前帮孩子扫清障碍，以免他失败，以免他犯错，殊不知，孩子如果没有亲自经历过失败，他就会误以为做什么都应该是没有阻碍的。

不管成功与失败，只有自己亲自经历，才能在头脑中形成经验，下次再遇到的时候才会多一条思考的通路，这对丰富孩子的人生经历是很重要的。

失败的经验对孩子的成长来说是不可或缺的，我们不可以把孩子重重保护起来，让他经历失败，他才会越来越有韧性，越来越坚强。

幼小的孩子使用"高科技"应适度。

有问题？不怕，只要有网络，只要有智能终端，上网一搜索，就什么都能解决了。不得不说，这种便利的条件对孩子也是有利有弊的。有利的是，孩子的视野会被打开；弊端却也是不容忽视的，那就是孩子想要的，在网上一目了然，哪怕是作业、考试题目，他都能在网上直接找到答案，省去了思考的步骤，他的思考能力又怎么可能得到锻炼？

所以就如前一节提到的一样，将手机、电脑这类的电子产品从孩子身边拿开，遇到问题让他用翻书本、回忆课上老师讲的内容的方式来解决。

同时，也要教孩子学会正确使用网络，提醒他可以在网上查找与问题相关的知识，但不能在网上直接找答案。网络和书籍一样，都是他搜索资料的工具，而不是帮助他解答所有问题的工具。

孩子马虎怎么办？

马虎是很多孩子都爱犯的毛病，当然也令妈妈们头疼不已。

"我儿子10岁了，不管做作业还是考试，总是犯马虎的毛病，不是漏做几道题，就是考试看错了题目。我告诉他，做完了题要记得检查，他也说自己检查了，但检查完还是错题连篇。反正是没什么效果，哪怕我吼他一顿，该怎么错还怎么错。现在才上小学就这么马虎，以后上初中、考高中、考大学可怎么办啊？"

"我女儿的马虎真是没救了，从她开始上小学，我就天天跟她强调，可她真是一点都没听进去。昨天的作业就做对了一半题目，剩下的题目全错了，可让她重新做，她也完全都会，不管是拼音还是10以内的加减，她都没问题。这么粗心大意，又是个女孩子，我真是头疼死了。对她吼也吼了，骂也骂了，反复叮嘱都不管用，这可怎么办啊？"

这种无奈与焦急，相信很多妈妈也曾经体会过。马虎的孩子会让妈妈经常心生遗憾，"如果你再认真一点"，这样的话会不时地从妈妈口中说出来。很聪明的一个孩子，考试就是不能得好成绩，会的题还做错，妈妈真是拿他没办法。

马虎，对于一个人来说的确算是一个严重的问题，一旦养成了习惯，那么孩子将可能在任何一个重要节点时犯错，从而使他与大好的机会失之交臂。

不仅如此，马虎还会给周围人也带来恶果。比如粗心忘记检查车辆情况的公交车司机，一旦出了问题，那么一车的乘客都将跟着遭殃，一个人的错误却要更多的人来一起承担，根源就在小时候养成的马虎的坏习惯上。

可是，单靠妈妈的吼声就能让他改掉坏毛病吗？显然从前面这两位妈妈的经历来看是没有效果的。那么，怎样做才可能见成效呢？

注意培养孩子条理有序的生活习惯。

马虎的毛病并不是某一天突然出现的，也需要日积月累形成。你天天吼他是不行的，因为这只是在不断地告诫他不能做什么，可却没有告诉他应该怎么做。"你不能这么马虎"，这句话是没有意义的，为了让他改掉坏习惯，就要培养他养成一个好习惯，以好的代替坏的。

那么你就要培养孩子做事有条理的好习惯。从每天衣服、鞋子脱了放哪儿，到物归原处、用后即还，再到学习上的课前预习、作业检测、课后复习，等等。一点点地用这些小细节让孩子逐渐习惯有序的生活，让他体会有序生活带给他的便利。

这个过程不会很容易，所以你要加强监督，但要注意点到为止，不要妈妈说一句让孩子做一下，我们尽到提醒的责任就好了，大部分的事需要他自己去思考应该怎样做。

指导孩子给自己准备一个"马虎备忘录"。

这个备忘录里，记录的是孩子每一次马虎的时间、地点、事件，包括学习上的、生活上的马虎大意都要记录下来。这并不是让孩子出丑的本子，而是让他"长记性"的本子，本子是为了提醒孩子有哪些问题需要改正。

让孩子给他的马虎事件归归类，看看哪些事件是经常发生的，将其列为需要重点注意的对象，用它来确定和调整自己改正错误的方向。

我们要注意，这个备忘录是为了提醒孩子的，而不是我们拿来数落孩子的"证据"。只有我们正视了这些问题，孩子才能去正视它，既不会觉得这是些不值一提的小事而轻视它，也不会觉得这是什么不可改正的错误而放大它。

避免孩子将所有的问题都归为"马虎"。

马虎，因为是一个常见的问题，所以很多孩子会用马虎来搪塞妈妈的询问，对于自己错误百出的卷子、作业，他会一直用"我马虎了"来解释。有的妈妈在听到孩子说只是马虎的时候会不自觉地松口气，毕竟马虎代表本来是会的，比不会要强得多，结果就会忽略孩子真正的问题。

我们也要有分辨能力，遇到问题要多问几句，多观察孩子，看看他所说的马虎到底是真还是假。可以让他把自己说因马虎而出错的问题再做一遍，如果能做对那就是之前马虎了，否则就要考虑他是不是在用马虎搪塞我们了。只有对待真的马虎的情况，我们前面提到的那些方法才是有效的。

另外，有些孩子的马虎可能并不是意识问题，而是身体出了问题，有一些疾病会导致孩子的大脑不能全神贯注，让他不自觉地忽略一些东西，这时候就要求助医生了。

孩子不爱读书学习怎么办？

对于望子成龙的妈妈来说，孩子只有读书学习才可能有出路，所以一旦孩子对读书学习表现出了嫌弃、不喜欢的态度，这对妈妈的冲击是巨大的，妈妈会恨铁不成钢地吼叫，期望将孩子的注意力重新拉回到读书学习上来。

妈妈的这种焦急态度是可以理解的，毕竟如果孩子真的不喜欢读书学习，没有知识的积累，眼界便不会开阔，智力发展也会受到限制。

但是不爱读书学习这个状态是可以改变的，只要用对了方法，孩子就会找到其中的乐趣。

了解孩子厌恶读书学习的原因。

每一个孩子小时候都喜欢读书，最开始他是好奇书中美丽的图案，然后是好奇书中一个个文字，当他能自己读出来的时候，他是骄傲的。所以当孩子不喜欢读书学习了，那他一定是有原因的。

读不懂、学不会→帮助孩子打好基础，让知识连成线，他会慢慢改变

一次失败或屡次失败→尊重孩子的自尊，给予安慰鼓励，战胜失败即可改变

负面情绪所致→关心情绪变化，先摆脱负面情绪，再谈读书学习

周围环境的影响→与老师协调，改善学习和生活环境，跟随好榜样调动学习热情

……

不同原因有不同的应对方法，要找准孩子的问题，才能对症下药。

当然，有的孩子是真的不喜欢读书学习，他的爱好在其他方面，比如体育、游戏或者其他我们所不了解、不熟悉的领域。这时你也不要着急，如果条件允许，你要给孩子时间和机会发展他的爱好，与此同时，你也要将读书学习对他发展的重要性告诉他，在被妈妈充分尊重的前提下，相信

他一定会理解妈妈的苦心。

孩子的路总要他自己走,你可以建议,但不能粗暴干涉。有时候停一停或者换一个方向就会柳暗花明,没准儿他在某些领域真的有过人之处,围绕这个突出的点再想办法让他爱上读书学习也是可以的。

要善于从孩子的喜好入手。

不喜欢读书学习,那么孩子喜欢什么?如果你不知道他的喜好,只强调让他喜欢上他不喜欢的东西,结果可想而知。下面这位妈妈的做法值得我们思考:

我儿子那天说他讨厌读书,然后就开始看电视剧,刚好演《西游记》,他看得津津有味。但电视只演三集,他明显意犹未尽。我灵机一动,拿出家里厚厚的那本《西游记》,对他说:"我知道后面还演什么,因为我看书了,书里可讲了更多的故事哦,电视都没演这一段啊,孙悟空太厉害了。"他太想知道后面的故事了,就跑过来跟我说:"妈妈,我也想知道后面的故事。"我说:"哦,可是只有书里写了。"儿子赶紧说:"那我看书。"目的达到了,儿子乖乖地捧着书看了起来。

从孩子的喜好入手,首先就拉近了与他的距离,他会在你这里找到认同感,然后听从你的引导,慢慢就会被书所吸引。

不要总向孩子强调读书学习的重要。

当得知孩子不喜欢读书学习的时候,很多妈妈可能会联想很多,甚至联想到孩子可能会有一个很失败的未来,这样一想就觉得难以接受这个现实。遇到这种情况,一般妈妈都会苦口婆心地劝导孩子,有的不惜吼叫孩子,想将孩子重新拉回正途。

但是有用吗?孩子不会因为你的劝说就轻易改变态度,相反他可能更讨厌读书学习,因为你说得太多太频繁,孩子的大脑已经屏蔽了这些"信号"。

像这种情况,不适合一上来就用强火力向孩子"进攻",缓和一下,让你自己平静下来，然后找机会慢慢地和孩子沟通交流，再尝试改变他的看法。

给孩子创造一个读书学习的氛围。

环境是改变人的重要条件之一，如果孩子不爱读书学习，那就给他创造一个读书学习的氛围，让他时刻受到这个环境的熏陶，时间久了，他的习惯也许会有一些改观。

家里可以准备一个书架，放一些你喜欢的、孩子喜欢的书。

每天安排一些固定的读书时间，到了时间，关掉电视、远离手机和电脑，专注地捧一本书来看，全家都是如此，相信孩子也会受到感染。

家里定期增加、更换一些书籍，让孩子知道你是真的喜欢读书学习，或者你也可以给自己报一些小课程，让他从妈妈积极努力学习的态度中受到启发，感受到学习的魅力。

孩子的依赖性太强怎么办？

孩子出生时对妈妈是完全依赖的，妈妈可以带给他安全感，带给他赖以生存的食物，带给他愉悦，是让他感觉最亲近的人。孩子小时候，妈妈是享受这种依赖的，因为这代表了妈妈与孩子之间最深的情感。

但是，随着孩子的慢慢长大，如果他所有事都依赖妈妈的判断与决定，这就不是什么好事了。

早起，妈妈终于被女儿折腾烦了，因为女儿从起床开始就不断地向妈妈发问。

"妈妈，我今天穿什么？裙子吗？裤子？"

"妈妈，我能用一下新的香皂吗？"

"妈妈，我的书包收拾好了吗？"

"妈妈，我的作业你帮我装了吗？"

"妈妈，今天早上我是喝奶还是喝豆浆？"

"妈妈，我想穿那双黑色的鞋子行吗？"

"妈妈……"

妈妈一开始还能好好回答，后来越来越烦躁，最后她吼了一句："你已经11岁了，你可以自己决定了，怎么什么都问我！"

女儿一愣，然后一噘嘴："问问才放心嘛。"

妈妈叹了口气："以后你长大了可怎么办？我又不能陪你一辈子。"

大事小事，都要经过妈妈的决定、同意，然后再去做，自己什么都不想，"全身心"地投入妈妈的怀抱，这对于11岁的孩子来说，的确显得"幼稚"了一些，也难怪妈妈会愤怒地吼叫了。

可是吼叫显然是解决不了问题的，你看孩子不是回答了吗？"问问才放心"，可见，正是妈妈让她有了"放心"感，她才不断地依赖妈妈。

那么，为了让孩子不再做依附他人的"爬山虎"，成为独立生长的小白杨，我们可以这样来做：

要区分清楚孩子正常的依赖与过分的依赖。

很多妈妈是根据自己的心情来判断孩子是不是依赖的，妈妈心情好，孩子怎么黏她都不觉得有问题，任由孩子提出各种要求，她都会满足；但妈妈若是心情不好，孩子正常的依赖都会让妈妈觉得厌烦，并说出"你怎么这么黏"这样的抱怨。

妈妈这种情绪化的变化，会让孩子也摸不准自己应该怎么做，反而可能更容易激发他的依赖心理，他也许会认为"只要多黏着妈妈就好了，总有碰上妈妈愿意让我黏的时候"。

我们应该理性地区分孩子的正常依赖与过分依赖：

正常依赖：情感需求 + 加强关系

过分依赖：放弃自我 + 内心空虚 + 习惯成性 + 无理取闹 + 吸引目光

对于孩子正常的依赖，要给予他需要的爱，满足他合理的需求，允许他偶尔和妈妈黏缠一下，但也要适可而止。

而对于孩子经常性的过分依赖，就要想办法让孩子与我们慢慢"剥离"，让他成为一个独立的人。

注意给孩子一个缓冲时间。

从依赖到不依赖，不是多加一个"不"字这么简单的事。如果一开始让孩子依赖，某天却突然不让他依赖了，这对他是很残忍的，他不会理解这是妈妈对他的锻炼，反而会怀疑妈妈是不是不再爱他了。

所以你要慢慢地让孩子与自己拉开距离，今天远离一点，明天再远离一点，给他越来越多的机会做自己的事情，慢慢地他就会尝到独立自由做事的快乐与喜悦。

懂得肯定并赞赏孩子良好的表现。

当孩子有独立表现时，要肯定他的举动，告诉他你对他很满意，并赞赏他的独立。

有时候孩子可能会拒绝你让他独立的行为，他会说："妈妈，我不想那样做。"他可能还会哀求，甚至用哭闹来希望你收回决定。这时你要坚定一些，告诉他妈妈这样做并不是不爱他，反而是因为很爱他，所以才让他自己去做一些事情，这样他以后才具备在这个世界上生存的能力。

这个过程可能不那么容易，但你要忍住不能妥协，如果你妥协了，再次伸手帮助他，并说出"下次不许这样了"，你之前的努力就白费了。

但是你也要注意自己的态度，你要让孩子独立，并不是彻底收回你对他的爱，而是要让他依然感觉到你的爱，正因为爱，才会把他"推出去"，让他独立。因为妈妈不能陪他一辈子，有些事必须要自己做，一个独立自主的他才最能让妈妈放心。

善于观察分析孩子的"两面"举动。

有的孩子在家时对妈妈表现出依赖，但在外又能很好地照顾自己，如果孩子出现了这种两面性的表现妈妈就要好好了解孩子这样做的原因了，最好从其心理方面入手。因为这样的孩子多半是想要从妈妈这里获得更多的爱，孩子感觉缺少爱的时候，就会对妈妈黏缠一些，我们也要看得到他内心的渴望。

敢于把一些做事的主动权还给孩子。

很多孩子对妈妈太过于依赖，其原因在于妈妈的不放手。

你做得越多，孩子享受得就越多，他会自动放弃自己成长的权利，安心享受你给他带来的安逸的生活。为什么穷人的孩子早当家，原因之一就是因为穷人的家庭没有那么好的物质条件，他必须要靠自己的努力来创造。

如果想要让孩子不依赖，你也要懂得放手。亲子关系的本质，并不是无论他长多大都始终要黏着你、需要你，而是在你的陪伴下，他渐渐长大，能力越来越强，直到完全独立。你要意识到孩子必定要成长为一个独立的人，然后才能过好他自己的生活。

一场以"分离"为目标的爱，就是说的父母与孩子之间的爱，这个说法虽然有点残忍，但确实是真相，需要每个妈妈都能清楚地认识到。

孩子的自控力太差怎么办？

一提到自控力差，恐怕很多妈妈都有很深的感受，为什么对孩子来说，"掌控自我"就这么难呢？孩子越长大，尽管从思想上、能力上都有了长进，可他们并没有学会自控，反而因为有了自己的思想而变得更加"不可控"。

在学校他们不能专注听讲，不接受老师的教导，上课根本无法集中注意力；在家他们痴迷于电视、电脑、游戏，即便被赶到书桌前，也坐不住几分钟，很快又会被其他事物吸引……

最近，一个上四年级的男孩变得有些让妈妈犯愁。刚上小学的时候他还能自己乖乖地在房间里写作业并认真检查。可是到了三年级下学期，他变得越来越不专心，随便一点什么动静都会让他转移注意力，客厅里有人说话，他在书房写作业听到后也要插上几句嘴，写字也越来越马虎，思想容易开小差，写一会儿作业就想要去看电视，自控力越来越差。后来他去上兴趣班，也坚持了没几天就不再去了。

妈妈担心孩子这种做事三分钟热度的样子会影响到以后，想要提升他的自控力，可又不知道怎么办。

面对没有自控力的孩子，妈妈会感到格外疲劳，因为你需要分出足够的精力来应对他时不时发生变化的状况，你想要给他定规矩，但却总执行不下去。显然这种情况会让妈妈变得烦恼起来，吼叫也就会不自觉地爆发了。

不过，从"自控力"这三个字也能看得出来，这需要孩子自己努力，所以要激发孩子自身的主动性才行。

摆脱以孩子为主的生活状态。

很多家庭总是将孩子摆在中心位置，凡事都以孩子的意愿为主，让他形成以自我为中心的说一不二的性格，这样的孩子通常难以控制自我。

有的妈妈，总是凡事都先想到孩子，轻易便满足孩子一个又一个的愿望，总是想方设法用种种新奇的东西来吸引他的注意力。往往他还没有从第一个美好的愿望或事物中抽身，下一个愿望或新鲜的事物就又出现了，如此不断循环，让他没法保持专注，自控力也随之变差。

所以你要恢复原本的正常的生活状态，孩子的到来只是让家庭增加了一位成员而已，并不能因为孩子的到来打乱家庭原有的模式，变得一切以孩子为中心，这是不对的，要让孩子多融入家庭，而不是把他高高捧起来。

规范并统一家中的教育理念和方式。

家中不同的教育理念与方式，会让孩子不知道到底应该听从于谁，不同的教育内容也会让孩子不知道应该延续哪种行为方式，所以他会选择让自己舒服的内容，今天听从妈妈，明天可能又顺从于爸爸。经常变化的教育内容使得孩子也不能用统一的原则始终如一地控制自己，他便不能形成长久坚持的自控力。

所以你要和家里的其他人确定对孩子的教育原则，全家上下要对孩子有一个统一的应对态度，教育的内容也要坚持一致，应该有的规则就要坚持到底，任何人都不能轻易违背，这样做孩子的头脑才不容易感到迷惑，也比较容易坚持原则。

成为孩子发展自控力的良好榜样。

难以自控的妈妈，很难培养出自控力良好的孩子，所以你也要培养自己良好的自控力。

在你做事的时候，你要认真地坚持下来；当你遇到问题的时候，你也要控制好自己的情绪并不畏艰难地将事情做下去。

你可以告诉他你遇到了难题，但你更要让他看到你是怎么想办法战胜困难的。这样孩子就会从你身上学到应对困难的态度，他也会想要和你一样去努力克服自己遇到的困难。

培养孩子良好的意志。

要不要坚持与能不能坚持是两种态度，前者取决于意愿，后者取决于能力。先培养孩子具备"要"的意志，然后再培养他"能"的能力。

许多孩子不能自控，是因为他的意志力薄弱，一旦遇到问题就先选择不继续，以保证自己不会经历困难。所以适当地让孩子经历一些困难，并鼓励他通过自己的努力战胜困难，锻炼他的意志，会让他再遇到类似选择时，不会轻易就放弃。

要引导孩子相信自己的能力，不怀疑自身的潜力。越自信的孩子，自控力越强。因为他有战胜自己的经验，知道自己可以控制自己的行为。这种自信与意志力的培养，也是提升孩子自控力非常好的方法。

孩子跟父母对着干怎么办？

随着孩子的成长，你会发现他越来越脱离你的"掌控"，先是学会说"不"，然后是在行为上对你进行反抗，再之后就是思想上。孩子慢慢不再听从你的安排，并逐渐学会以谎言来掩盖事实，甚至开始"阳奉阴违"。

在很多妈妈看来，孩子越长大，就越愿与父母对着干，她们会有一种失落感。当然也不排除有些孩子是真的顽劣，事事都不能让妈妈如意，妈妈也越来越烦恼。

我们经常会听见有妈妈这样训斥孩子：

"你怎么越来越不听话？"

"跟妈妈对着干对你有什么好处？"

"你把妈妈当什么人了？"

"你让妈妈失望透了！"

……

这些话语中都透露出一种无奈、哀伤、愤怒，而说出这些话的妈妈，也对孩子这种反抗的状态毫无办法。

其实孩子的反抗，是他想要自我成长的一种表现，如果他的需求没有得到满足，他就会通过对着干这种方式为自己争取一下。

很多妈妈觉得孩子在与自己对着干，其实也反映出妈妈自身的一种恐慌，因为孩子开始有了自己的思想，不再对妈妈的话言听计从，让妈妈无法把控未来的走向。有的妈妈拥有强烈的控制欲望，就越发觉得孩子是在不停地反抗自己。所以妈妈自身的状态，也是导致孩子想要挣脱的重要原因。

所以应对孩子的"对着干"，我们要从两方面入手：改变自己，同时也改变孩子。

从自己的角度出发，你应该这样做：

1. 了解孩子的"叛逆期"。

3岁的孩子会迎来人生的第一个叛逆期，如果你不了解这个时期，势必会从这时候开始，就直接将孩子划归进"叛逆"之中，并将一直认为孩子会慢慢不受你掌控。

而到了12岁时，你也要意识到，孩子即将进入青春期，他又会进入人生的第二个叛逆期，这时他的反叛心理可要比3岁时更重，假如你还是用对待小孩子的态度对待他，你将体会到更为严重的反抗。

了解了孩子成长过程中会经历的这些变化，就要做好"迎接"的准备，但是也不要如临大敌。你要宽容地看待孩子在这些时期里思想的变化，给他一个可以"发泄"与化解情绪的通道，同时也要理解他对于自身变化的一种想要试探和慢慢适应的心理，这样你才能想到合适的办法应对他的叛逆。

2. 不要试图压制孩子。

对付和自己对着干的孩子，很多妈妈总想用压制的方法。之所以吼叫，就是这样一种心理。

"你不是对着干吗？好，我用更高声的吼叫来提醒你注意，我才是家里的权威，不说别的，仅仅是我妈妈这个身份，就能压住你。"

这样的心理你曾经有过吗？这就是对孩子的一种压制，其实是非常不理智的，说得更直白一些，这样的想法显得你很幼稚，同时也反映出，面对孩子你对自己有一种失望。

孩子和你对着干，都是有原因的，吼叫不是万能的应对措施，你吼出来的是自己的难过，因此，不要把吼叫当成"下马威"，而要将你的精力放在想办法解决问题上，这样孩子才会软下来，接受你的教育。

3. 摆脱你强烈的控制欲望。

控制欲越强，越不能接受对方有任何与自己想法不同的地方。很多妈妈拥有极强的掌控欲，这也是很多拥有强烈自我意识的孩子不断反抗的原因。

孩子是一个独立的个体，他依附于你，却也游离于你之外，你不能用所谓的亲缘关系去约束他，你需要想办法让他自己主动想与你亲近，想向你学习，能做到这一点才是妈妈的成功。

所以，你放手，才能看得到他的自由与主动，强求他遵守你的意愿是不可能的，拥有自己的想法，才是一个真正独立的人。没有谁能掌控谁的生活。

当你能专注于做好自己时，孩子也能像你一样，专注于做好他自己。

从孩子的角度出发，你应该这样做：

1. 尊重孩子的思想与行为。

想想你自己小时候，有没有被妈妈无视过？你的行为有没有被妈妈否定过？如果你能回忆起自己的孩童时期，那么你也就能理解现在站在你面前的那个孩子想要干的事情了。

孩子的想法永远都是带有他个人特点的，他看到的、想到的，多半都会和你不一样，这应该是一件值得高兴的事情。你只需要判断他想的和做的是不是与基本道德原则相符合就好，只要是不违背原则的，你就不必非要纠结孩子能不能按照你所说的去做了。

2. 问问孩子"你的想法是什么"。

如上所述，孩子的反抗都是有原因的，关键就看你是不是了解并意识到了那个原因。所以当他表现出与你的意愿不同时，一定要问一问他，"你不想按照我说的去做，那么你的想法是什么"。

不要带着训斥的语气去问，而是以一种平和的、只是想要了解的态度去问，让孩子感受到你是真的想要了解他，他才会主动告诉你他的想法。

你可以不接受孩子的想法，这是你的权利，就像他可以不接受你的选择一样。但是你不能训斥他，即便他想错了。他有他自己的想法，哪怕他自不量力，但你对他的尊重，会让他放松下来，这样你们彼此就会有交流的空间，也会有彼此妥协的可能。

3. 想"真正"的办法让孩子接受你的想法。

当然，你不能指望几岁的、十几岁的孩子会每时每刻都做出正确的选择与决定，至少有一半的机会中，他的确是只凭借自己的喜好与理想化的状态来进行规划的。此时，你成年人的智慧就显现出来了，只不过你要想出真正的办法让他理解并接受，而不是靠吼叫。

你可以摆出事实，可以利用讲故事的方式，可以找寻一个孩子爱戴的榜样做例子，也可以用游戏的方式，让孩子理解你的想法。

最重要的是，你要让孩子意识到你这样做的目的，你是出于爱，而不是想要改造他；你想要他变得更好，而非强迫他接受你所有的想法。

另外，好好说话，平静的、温柔的态度，再加上爱，孩子哪怕当时不愿意接受，但他也会愿意考虑。所以，只要给孩子足够的时间，加上我们持之以恒充满爱心的教养，他总会慢慢理解你作为妈妈的一片苦心。